AF296364

MEMOIRE,

POUR Dame MARIE DE LA FERTE'-SENNECTERRE, &
BERNARD DE BRUIX, Lieutenant-Colonel d'Infanterie,
Intimés, & Demandeurs.

CONTRE Dame FRANÇOISE-CHARLOTTE DE LA FERTE'-SENNECTERRE,
Veuve en premieres Nôces de GABRIEL THIBAUT DE LA CARTE,
Marquis DE LA FERTE'-SENNECTERRE, & Epouse en secondes Nôces de
JEAN-FRANÇOIS DE MALORTYE, Marquis DE BOUDEVILLE, de
lui autorisée. Et le Marquis DE BOUDEVILLE, en son nom, Appellans.

ET PHILIPE THIBAUT DE LA CARTE, Marquis DE LA
FERTE'-SENNECTERRE, Appellant.

UNE mere qui méconnoît sa fille, qui la désavouë,
quoique née dans un mariage légitime, est un spectacle
dont la nature frémit; mais qui n'est pas nouveau pour
la Justice.

Des enfans nés à l'ombre du mariage devroient-ils
être réduits à la cruelle alternative, ou de vivre dans la
privation de leur état, ou de reclamer l'autorité de la Justice, pour
être rétablis dans cette portion la plus précieuse de leur patrimoine?

La Dame de Bruix a long-tems dissimulé, elle a long-tems souffert
avant que d'éclater, & elle garderoit encore le silence, si elle n'avoit
été comptable de son état qu'à elle-même. Oüi, il falloit qu'elle en fût
comptable à quatre enfans, pour se résoudre à intenter une action dont
le succès ne la consolera jamais d'un si triste éclat, quoique nécessaire,
& il manquera toûjours à sa satisfaction de n'avoir pas dû à la Dame
Marquise de Boudeville la justice qu'elle est obligée de demander à la
Cour.

Mais le Marquis de Boudeville, lui seul est la cause de tous les

A

malheurs de la Dame de Bruix. C'eſt lui ſeul qui a mis obſtacle à la réünion de la mere & de la fille, & à la reconnoiſſance ſolemnelle qui auroit ſuivi cette réunion. La Dame de Bruix ſeroit encore aujourd'hui la victime de l'interêt, ſi la nature elle-même n'avoit enfin parlé, & fait éclater toute ſa puiſſance.

On voit dans cette cauſe une mere tendre, qui n'a jamais pû perdre ſa fille de vûë, qui a elle-même pris ſoin de ſon éducation, qui l'a établie, qui l'a dotée, qui l'a comblée de biens dans tous les tems.

Les ſentimens de la Marquiſe de Boudeville exprimés dans ſes lettres, toutes les actions de ſa vie, les efforts même qu'elle a fait pour s'envelopper, ſont autant de témoins rédoutables qui dépoſent contre elle, & qui la condamnent ; & ces mêmes ſentimens, ces mêmes actions, ces mêmes efforts, tout garentit que la Marquiſe de Boudeville, malgré les plaintes qu'elle fait éclater, applaudira en ſecret à la victoire de la Dame de Bruix, forcée de reconnoître intérieurement qu'on fait des efforts ſuperflus pour déſavoüer ſon ſang, & pour tromper la Juſtice.

F A I T.

La Dame Marquiiſe de Boudeville eſt fille de M. le Duc & de Madame la Ducheſſe de la Ferté.

Elle a été mariée deux fois.

La premiere, en 1698. au Marquis de la Carte, qui prit lors de ſon mariage le nom de la Ferté.

Le Marquis de la Ferté eſt décedé en 1712.

La paix de ce mariage n'a été troublée par aucune diviſion. Les époux ont toûjours demeuré enſemble : c'eſt un fait dont la Dame Marquiſe de Boudeville convient.

Ce mariage a été ſuivi de la naiſſance de pluſieurs enfans.

Le premier fruit de ce mariage fut le Marquis de la Ferté d'aujourd'hui. Quelles eſpérances n'avoit-on pas fondées ſur ce fils ? Projets des plus grands établiſſemens, Duché de la Ferté qu'on eſpéroit faire revivre ſur ſa tête ! Eſt-ce à ces vûës d'ambition que la Dame de Bruix a été ſacrifiée ? Elle ne doit à la Juſtice que la preuve de ſa naiſſance ; les motifs de la ſuppreſſion de ſon état peuvent lui être inconnus, & ſont d'ailleurs indifférens.

La Dame de Bruix, ſecond enfant de ce mariage, eſt née le 12. Février 1705. ſur le minuit ; ſon Extrait baptiſtére eſt du lendemain 13. Février ; il eſt tiré des Regiſtres de ſaint Merry.

Le Vendredi 13. *Février* 1705. *a été baptiſé une fille, née le jour précédent, & nommée Marie, fille de Guillaume de la Salle, & de Damoiſelle Antoinette Barriere ſa mere, qui eſt accouchée dudit enfant, chez M. Desforges, Chirurgien à Paris, demeurant Cloître ſaint Merry, proche les Conſuls ; le Parain, Claude Beuillat, Domeſtique chez le ſieur Desforges ; la Maraine, Marie Brevet, fille majeure, Servante chez le ſieur Desforges ; le pere abſent.*

Cet Extrait baptiſtére offre pluſieurs rflexions

1°. Guillaume de la Salle, qui eſt dit pere, n'a pas ſigné, il est dit absent : ainsi rien dans cet Acte qu'une simple énonciation de paternité.

2°. Le nom de la mere, *Antoinette Barriere*, ne se trouve point dans le corps de l'Acte, il est en marge, sans signature & sans paraphe, ni du Prêtre, ni des Parain & Maraine : c'est ce qui résulte d'un compulsoire qui a été fait depuis la plaidoirie du Châtelet. Guillaume de la Salle & Antoinette Barriere ne sont point dits mari & femme.

3°. Antoinette Barriere est dite accouchée chez Desforges, Chirurgien. Ainsi voilà un accouchement mystérieux, & par conséquent une énonciation des pere & mere bien suspecte.

4°. Cette énonciation est faite par deux domestiques d'un Accoucheur : ce qui n'est pas propre à lui donner du poids.

Aussi est-elle détruite sans ressource par les Actes les plus solemnels & les plus autentiques, qui prouvent jusqu'à la démonstration, que Guillaume de la Salle & Antoinette Barriere n'ont jamais existé, que ce sont des noms fictifs qui ont été substitués aux noms du Marquis & de la Marquise de la Ferté, véritables pere & mere de l'enfant.

Mais il ne faut pas interrompre l'ordre des faits par de plus longues réfléxions, on va tâcher de se frayer une route qui conduise sûrement à la vérité qu'on doit déveloper : il ne s'agit pour y parvenir, que de suivre pas à pas les démarches de la Dame Marquise de Boudeville : & l'on verra que la nature a éclaté dans le tems même qu'on vouloit la retenir captive.

Les faits dont on doit rendre compte, se partagent en trois époques.

La première renferme les faits de la grossesse & de l'accouchement de la Dame Marquise de Boudeville.

La seconde, les faits depuis la naissance de la Dame de Bruix, jusqu'à son mariage.

Et la troisiéme enfin, les faits depuis le mariage de la Dame de Bruix, jusqu'au 13. Avril 1736. qu'elle a été obligée d'intenter son action.

La Marquise de Boudeville est devenuë grosse de la Dame de Bruix, en 1704. sur la fin du mois de Mai.

PREMIERE EPOQUE Faits de la grossesse & de l'accouchement de la Dame Marquise de Boudeville.

Que de témoins de cette grossesse ! un domestique nombreux, les personnes qui fréquentoient avec familiarité dans la maison ; car la Marquise de Boudeville, alors la Marquise de la Ferté, ne quitta point le Palais Royal pendant les neuf mois de sa grossesse.

Lorsqu'elle crut toucher au moment de l'accouchement, elle eut recours à la Demoiselle de Benac son amie, qui occupoit une maison ruë des Bons Enfans. Cette maison parut propre à son dessein ; on y pouvoit aller par les cours des cuisines du Palais Royal. Les confidens de l'accouchement furent la Demoiselle de Benac, qui prêtoit sa maison, Marest, Maître d'Hôtel, Maisonneuve, Valet de Chambre, Françoise Boucher, une des femmes de la Marquise de Boudeville, une Garde, Desforges Accoucheur, & un Médecin qu'on fut obligé de consulter, à cause de quelques accidens.

Le 11. Février 1705. sur le soir, la Marquise de Boudeville sentit les premieres douleurs. Maifonneuve alla chercher Desforges, qui vint, & qui jugea qu'il n'y avoit pas un moment à perdre. Desforges & Mareft conduifirent la Marquife de Boudeville chez la Demoifelle de Benac.

La Marquife de Boudeville accoucha fur le minuit. L'enfant fut reçu par Desforges Accoucheur ; de fes mains il paffa dans celles de Françoife Boucher , femme de Chambre, qui avoit fuivi fa maîtreffe, & qui affiftoit aux couches.

Cette Françoife Boucher eft actuellement en vie, elle a reçu l'enfant dans l'inftant qu'il a vû le jour ; depuis elle ne l'a pas perdu de vûe. Voilà un témoin bien précieux ; auffi n'a-t'on rien épargné pour le corrompre : & de-là toutes les déclamations dont il eft l'objet.

Françoife Boucher remit l'enfant à Maifonneuve , qui dès la pointe du jour , prit un carroffe fur la place du Palais Royal. Enveloppé dans un manteau rouge, Maifonneuve porta cet enfant chez la Fauvergne, que l'on avoit retenuë pour nourrice , & lui donna ordre de le porter le lendemain à S. Merry , pour y être baptifé. Là fe trouverent avec Maifonneuve deux domeftiques de Desforges Accoucheur , qui préfentérent l'enfant fous les noms qu'on leur indiqua ; & la Fauvergne qui demeuroit alors ruë Sainte Marguerite, faux-bourg Saint Germain , remporta ce même enfant chez elle. Cette femme eft encore un témoin bien précieux pour la Juftice.

Par elle , on peut aifément fçavoir qui l'avoit retenuë pour nourrice ; qui lui a apporté l'enfant, qui a payé les mois, & qui lui a fait les gratifications ordinaires ; qui eft-ce qui a fourni à l'enfant cette layette, ces robes magnifiques ; en un mot tout ce qui lui étoit néceffaire pendant dix-huit mois qu'il eft refté entre fes mains ? Elle dira auffi que la Marquife de Boudeville n'a jamais laiffé paffer une femaine fans venir voir cet enfant , qu'elle étoit fouvent accompagnée des perfonnes de la première confidération ; enfin qu'elle avoit fouvent mené l'enfant au Palais Royal, qu'elle le conduifoit dans l'Appartement de la Marquife de Boudeville, alors la Marquife de la Ferté, qui le careffoit, auffi-bien que le Marquis de la Ferté.

A l'égard de la Marquife de Boudeville qu'on a laiffée chez la Demoifelle de Benac, où elle eft accouchée la nuit du 11. au 12. Février 1705. elle y paffa le refte de la nuit, & le foir du jour fuivant, elle fe fit reporter dans fa maifon.

Tels font les faits de la premiere époque.

Seconde Epoque.
Faits depuis la Naiffance de la Dame de Bruix , jufqu'à fon Mariage. Il faut paffer à la feconde, elle renferme les faits depuis la naiffance de la Dame de Bruix, jufqu'à fon mariage.

Lorfque l'enfant eut été pendant dix-huit mois chez la Fauvergne, Nourrice , on l'en retira , & on le conduifit ruë de Grenelle, chez la fœur d'une des femmes de la Marquife de Boudeville.

La Mondevis, c'étoit le nom de cette femme, étant morte, on mit l'enfant ruë Neuve des Petits-Champs, chez la nommée Brunier, fœur de la Mondevis.

Enfin en 1711. le Marquis & la Marquife de la Ferté ayant pris un

Hôtel

Hôtel, ruë Neuve des Petits-Champs : comme ils se trouvoient logés plus au large, ils soûhaiterent d'avoir leur fille sous leurs yeux : la Dame de Bruix entroit alors dans sa sixiéme année.

La Brunier, chez qui l'enfant étoit en pension, le suivit dans la maison du Marquis & de la Marquise de la Ferté; elle resta auprès de lui, en qualité de Gouvernante.

La Dame de Bruix entrée dans la maison du Marquis & de la Marquise de la Ferté, ne porta pas, il est vrai, le nom de la Ferté; on lui donna le nom de *Mimi*, nom d'affection, nom qu'elle a porté jusqu'à son mariage. Mais la Dame de Bruix reçut son éducation de la Marquise de Boudeville, alors la Marquise de la Ferté. Elevée sous ses yeux, dans son appartement, par ses soins, mangeant à la table du Marquis & de la Marquise de la Ferté dès l'âge de six à sept ans; servie par leurs domestiques, tenuë en habits comme auroit été leur propre fille; musique, danse, clavecin, rien ne fut épargné : on lui donna les plus grands Maîtres. A mesure que l'enfant croissoit, l'affection de la mere augmentoit. Déja la Marquise de la Ferté ne paroît plus au spectacle, aux promenades, dans les compagnies, sans avoir avec elle la petite Mimi; elle la mene en visite, elle la présente par tout. La Dame de Bruix mange avec la compagnie, elle joüe le même jeu que la compagnie.

La Marquise de la Ferté, va-t-elle en Sologne chez Madame la Duchesse de la Ferté sa mere, elle y mene la petite Mimi, qui mange à la table de Madame la Duchesse de la Ferté.

Lors du mariage du Prince de Soubize, petit-fils de Madame la Duchesse de Vantadour, avec Mademoiselle d'Epinoy, la Marquise de la Ferté mene avec elle la petite Mimi à Versailles, où le mariage devoit être célébré.

La Dame Marquise de Boudeville convient dans son interrogatoire, art. 27. que la Dame de Bruix a d'abord été chez la Mondevis, & depuis chez la Brunier, l'une & l'autre sœurs d'une de ses femmes, qu'ensuite la Dame de Bruix est entrée dans sa maison avec la Brunier, du vivant du Marquis de la Ferté, à l'âge de six ans, & qu'elle y est restée jusqu'à son mariage. Ces aveux sont infiniment importans.

La Marquise de la Ferté convient aussi que la Dame de Bruix a reçu une éducation distinguée, qu'elle a eu toutes sortes de Maîtres : il est vrai qu'elle voudroit rejetter la dépense d'une telle éducation sur Tonton, une de ses femmes, si fameuse dans cette cause.

En 1723. la Marquise de Boudeville, veuve encore, & prête à former de nouveaux engagemens, crût qu'il seroit à propos d'établir sa fille : elle se proposa de consommer, en la mariant, le sacrifice de son état. Toutes les circonstances de ce mariage ont ce crime pour objet, mais par un de ces traits heureux, qui déconcertent le crime, les efforts même qu'on a fait pour enlever à la Dame de Bruix son état, en sont devenus la preuve la plus convaincante.

C'est ici, on le dit avec confiance, c'est ici la clef de toute cette grande affaire. Ici est démontré que l'Extrait Baptistére si vanté par la Marquife de Boudeville ne donne point d'état à la Dame de Bruix, & de-là la néceffité de chercher fon état dans les preuves de toutes efpeces, que la Juftice a fous les yeux, & même dans la preuve par témoins, qui d'ailleurs eft furabondante dans cette caufe, la preuve par écrit étant complette; ainfi la preuve par témoins ne fera qu'une multiplication de preuves: elle ne fervira qu'à lier tous les faits, qu'à former la chaîne qui les unira, qu'à rapprocher toutes les preuves que la Cour a fous les yeux, & à concourir avec ces preuves, pour établir la même vérité. L'union, l'accord, l'harmonie de toutes ces preuves eft le figne infaillible de la vérité. Suivant l'Extrait Baptiftére de la Dame de Bruix, elle eft dite fille de Guillaume de la Sale & d'Antoinette Barriere: la mere eft dite accouchée chez Desforges accoucheur: le pere eft dit abfent: le nom de la mere n'eft point écrit dans le corps de l'Acte, on le trouve dans un renvoi ajoûté après coup, renvoi non approuvé; ce n'eft donc qu'une énonciation des pere & mere, & cette énonciation eft le fait de deux domeftiques d'un Accoucheur, qui ont fervi de parain & de maraine.

Mais depuis cet inftant, cet enfant a été élevé par les foins de la Marquife de Boudeville, il a été élevé dans fa maifon par elle-même, avec la même diftinction avec laquelle elle auroit élevé la Demoifelle de la Ferté. On a donné à cet enfant des Maîtres de toute efpece, & les plus célebres: la Marquife de Boudeville a préfenté cet enfant par tout: tout le monde fe difoit qui il étoit: fous le nom de Mimy on connoiffoit la Demoifelle de la Ferté.

Auffi Guillaume de la Salle, & Antoinette Barriere font-ils des Etres de raifon: depuis l'Extrait Baptiftére il n'a plus été queftion d'eux.

On ne voit point ces pere & mere prétendus prendre foin de cet enfant en aucun tems. L'époque du mariage auroit appris au moins ce qu'ils étoient devenus, s'ils avoient jamais exifté. Ce font les pere & mere qui forment ordinairement ces engagemens, & qui conduifent leurs enfans aux pieds des Autels. On ne voit point ici de Guillaume de la Salle, ni d'Antoinette Barriere, & ce n'eft pas qu'ils fuffent morts: car en ce cas on auroit fait mention de leur décès; il n'eft point du tout queftion d'eux; il n'eft point dit qu'ils fuffent morts, ni qu'ils fuffent vivans; parce qu'en effet ils n'avoient jamais exifté. Guillaume de la Salle & Antoinette Barriere ne font donc que des perfonnages chimeriques; ce font des noms imaginés à plaifir, pour cacher les véritables pere & mere · mais il faut rendre un compte circonftancié des pieces qui ont rapport au mariage de la Dame de Bruix. Plufieurs faits décififs réfultent de ces piéces.

Le premier fait eft, qu'il n'y a jamais eu de Guillaume de la Salle & d'Antoinette Barriere.

Le fecond, que c'eft la Marquife de Boudeville qui, après avoir élevé la Dame de Bruix, l'a établie par mariage.

Le troifiéme, que la Marquife de Boudeville s'eft cachée, pour faire le mariage de la Dame de Bruix , affectation , détour , myftere , qui font une nouvelle preuve contre elle.

Le quatriéme enfin , que la Marquife de Boudeville a comblé dans tous les tems la Dame de Bruix de libéralités , mais indirectement , & toûjours avec myftere.

La Marquife de Boudeville projette de marier fa fille avec le fieur de Bruix , Lieutenant Colonel d'Infanterie.

Le fieur de Bruix accepte la propofition : il va à Bayonne , pour en faire part au fieur fon pere , & obtenir fon confentement : celui-ci fait difficulté de l'accorder. La Marquife de Boudeville alors veuve du Marquis de la Ferté fait écrire au fieur de Bruix deux lettres par la Demoifelle de Saint Jean : les deux lettres font écrites , comme fi c'é-toit la Marquife de la Ferté qui écrivoit ; elles font fignées : *La Marquife de la Ferté*, & cachetées de fon cachet. La Demoifelle de Saint Jean eft la meilleure amie de la Marquife de Boudeville : elle en parle ainfi dans fes lettres. *

Le fieur de Bruix qui ne connoiffoit pas l'écriture de la Marquife de la Ferté y fut trompé : il écrivit en réponfe. Mais pourquoi affecter ainfi de fe cacher dans tout ce qui a trait au mariage de la Dame de Bruix ? Quand on établit la niéce de fa Femme de chambre , on ne craint point de fe manifefter : comme on a méconnu les lettres de la Demoifelle de Saint Jean au Châtelet & en la Cour , on procede actuellement pour les faire reconnoître : la vérité eft , qu'elles ont été écrites par la Demoifelle de Saint Jean , fous la dictée de la Marquife de Boudeville , qui ne voulut pas les figner , & qui engagea la Demoifelle de Saint Jean , à figner pour elle : *La Marquife de la Ferté*· ce fait s'eft paffé en préfence de témoins , c'eft une fauffeté officieufe de la part de la Demoifelle de Saint Jean qu'on dénonce à Monfieur le Procureur Général , & comment concilier ce fait avec celui de la Dame Marquife de Boudeville , qu'elle n'a pris aucune part au mariage de la Dame de Bruix ?

De la Chauffée, ce 2. Août. (*a*)

Vous m'avez fait plaifir , mon cher Monfieur , de me donner de vos nouvelles , quoique M. Brunier m'eût affuré que vous étiez arrivé chez vous en parfaite fan-té ; je fuis charmée que la difference que vous trouvez entre la maifon de cam-pagne de votre pays , & la Chauffée, (a) vous oblige à nous y venir rejoindre le plû-tôt qu'il vous fera poffible. Peut-être que les propofitions de mariage que l'on aura pû vous y faire , (b) vous y retiendront plus long-tems que vous ne l'auriez crû , & ce qui eft de vrai , c'eft que quelque parti qui fe préfente pour vous , vous ne trouverez rien qui vous convienne mieux que la Demoifelle pour laquelle je m'intereffe (c) qui n'aura pas à la vérité pour le préfent tant de biens que celle que l'on pourra vous propofer ; mais la faveur dont elle eft environnée par toute ma fa-mille qui a pour elle toute la confidération poffible , pourroit avec le tems vous procu-rer des avantages aufquels vous ne vous attendez pas. (d) Adieu , mon cher Mon-fieur j'attends avec grande impatience (e) la fin de ce mois , pour avoir le plaifir

* Lettre du 22. Novembre 1728.

« Pour que cel-
« le-ci vous foit
« fûrement ren-
« duë, je l'adreffe
« à Paris à Made-
« moifelle de S.
« Jean , de qui je
« fuis fûre com-
« me de moi-mê-
« me,&c'eft affû-
« rément la feule
« amie fidéle que
« j'aye trouvée
« dans le monde.

(a)Maifon de la Marquife de Boudeville.
(b)Les propofi-tions de maria-ge avoientdonc été faites à la Chauffée.
(c)La Marquife de Boudeville s'intereffe à la Demoifelle & à fon mariage.
(d)Elle vante les avantages que le fieur de Bruix pouvoit attendre de ce mariage.La fa-veur de la fa-mille de la Marquife de la Ferté, dont la Demoifelle eft environnée.
(e) Cette grande impa-tience venoit de l'enuie de voir le mariage conclu.

de vous voir, & de vous assurer que personne n'est avec plus de considération que moi, votre très-humble & très-obéissante servante.

Signé, la Marquise de la FERTÉ.

Cette Lettre est cachetée avec un Cachet aux Armes de la Ferté.

Ce 13. Septembre.

Je ne suis point étonnée, mon cher Monsieur, des sentimens de M. votre pere: il pense comme un homme qui craint de vous éloigner de lui; mais s'il connoissoit la Demoiselle, & les avantages qui peuvent suivre son établissement, je ne doute point qu'il ne donnât son consentement, & même avec plaisir: (a) je suis très-fâchée des peines que cela vous cause. Si cependant vous ne pouvez l'obtenir, mettez votre unique but à vous en revenir, & l'on suivra votre premier dessein, (b) vous ne trouverez aucun changement de ma part (c): par rapport à vous même, mon cher Monsieur, & à l'amitié que j'ai pour la Demoiselle & sa famille (d) que j'aime beaucoup personnellement. Je serois charmée de vous donner en toute occasion des marques de la parfaite estime que j'ai pour vous, & combien je suis, mon cher Monsieur, votre très-humble & très-obéissante servante.

Signé, la Marquise de la FERTÉ.

Pendant que le sieur de Bruix étoit à Bayonne, la Marquise de Boudeville qui avoit élevé la petite Mimi sous ses yeux, qui la conduisoit par tout, ne crut pas devoir la marier dans sa maison: elle l'auroit fait, si c'eût été la niece de Tonton, cela auroit été sans conséquence.

La Marquise de Boudeville fait conduire la petite Mimi à Belle-Chasse par la Demoiselle de Saint Martin son amie, sa confidente. Mimi reste six mois au Couvent, à raison de 800. liv. par an, afin de lui acquerir un domicile sur saint Sulpice, different de celui de la Marquise de Boudeville, &, ce qui est singulier, comme la Dame de Bruix n'avoit jamais porté que le nom de Mimi, que Guillaume de la Salle son prétendu pere n'avoit jamais existé, qu'on avoit oublié jusqu'à ce nom, & peut-être qu'on l'avoit toûjours ignoré, la Dame de Bruix fut mise à Belle-Chasse sous le nom de la Demoiselle de la Lande: ce fait est prouvé par un Extrait des Registres de Belle-Chasse: c'est une piéce que l'on n'avoit pas, lors de la plaidoirie au Châtelet.

Nous Prieure & Procureuse du Couvent du Saint Sépulcre dit Belle-Chasse, certifions que Madame de Bruix est entrée dans notre Couvent sous le nom de Mademoiselle de la Lande le 12. Novembre 1722. qu'elle nous a été présentée par Mademoiselle de Saint Martin, au nom de laquelle nous avons fait la quittance de 200. liv. pour un quartier de la pension de ladite Demoiselle de la Lande: qu'elle est sortie de notre Couvent le 5. Mai 1723. ce présent Certificat tiré de nos Registres le 10. Janvier 1737. En foi de quoi nous avons signé: Sœur Lucie de Saint Alexis, Prieure; Sœur Marguerite de Sainte Geneviève, Procureuse.

Mais pourquoi tant de précautions, pour marier la niéce d'une femme de Chambre?

Pourquoi un domicile à Belle-Chasse? Pourquoi la faire conduire dans

---

(a) Que l'on pése bien ces termes, ils signifient beaucoup. La qualité de niéce de Tonton ou de fille sans état n'étoit pas propre à engager le sieur de Bruix pere, à donner son consentement. Cela ne faisoit pas une alliance flatteuse, & qui promit des avantages capables de lui faire donner son consentement avec plaisir.

(b) La Dame Marquise de Boudeville avoit tellement à cœur ce mariage, auquel elle dit n'avoir point eude part, qu'elle conseille au sieur de Bruix de se marier sans le consentement du sieur son pere, ce qu'il a fait.

(c) C'étoit la Marquise de Boudeville qui faisoit le mariage. Son changement de volonté l'auroit rompu.

(d) Il falloit bien repandre quelques nuages sur la vérité de l'état de la Dame de Bruix, en attribuant par la Dame Marquise de Boudeville tout ce qu'elle faisoit à l'amitié pour la Demoiselle, & sa famille.

dans ce Couvent par une perſonne tierce, la Damoiſelle de S. Martin l'amie, la confidente de la Marquiſe de Boudeville?

Pourquoi ces lettres énigmatiques au ſieur de Bruix au ſujet de ſon mariage? Pourquoi avoir emprunté la main de la Damoiſelle de Saint Jean, & l'avoir engagée à faire une fauſſeté? Pourquoi nier la part que l'on a eu au mariage? Que ſignifient tant de myſtéres?

Le tems du mariage approchant, on fut obligé de lever l'Extrait Baptiſtére de la Dame de Bruix. Ce fut ſans doute alors qu'on trouva qu'il n'y avoit point de nom de mere, & qu'une main coupable ajoûta le nom *Barriere*, qui ne put pas être paraphé, parce que les perſonnes qui avoient ſigné l'Extrait baptiſtére, ne vivoient plus : on fit prendre à la Dame de Bruix le nom *de la Salle*, qu'elle n'avoit jamais porté juſques-là.

Mais voici bien un autre embarras, que fait naître l'Extrait baptiſtere.

La Dame de Bruix étoit mineure, elle étoit dite fille *de Guillaume de la Salle* & *d'Antoinette Barriere*; il falloit donc rapporter pour parvenir à ſon mariage le conſentement de ces prétendus pere & mere *Guillaume de la Salle* & *Antoinette Barriere*, ou juſtifier de leur mort, ce qui étoit également impoſſible, puiſqu'ils n'avoient jamais exiſté; ou il falloit avoüer de bonne foi que l'Extrait baptiſtére contenoit des noms ſuppoſés, & que l'enfant n'avoit ni pere ni mere connus. Ce fut ce dernier parti qu'on prit, comme le ſeul pratiquable.

Le 5. Mai 1723. la Damoiſelle de Saint Martin va retirer la Dame de Bruix du Couvent de Belle-Chaſſe; elle la remet à Brunier domeſtique de la Marquiſe de Boudeville qui conduit l'enfant chez le Lieutenant civil : là ſe fait un Acte remarquable, déciſif; un de ces Actes ſinguliers faits pour déguiſer la vérité, & qui par un effet contraire, ſervent à la manifeſter : cet Acte eſt un avis d'amis pour parvenir à la nomination d'un Tuteur à la mineure. L'aſſemblée eſt provoquée par la Dame de Bruix, pour qui on avoit préſenté une Requête qu'on lui avoit fait ſigner du nom *de la Salle*, en ſortant du Couvent de Belle-Chaſſe. Et qui ſont ceux qui paroiſſent dans cet Acte? Bellecouche, Intendant de la Marquiſe de Boudeville, avec qui on verra que ſuivant ſes lettres, elle s'entretenoit ſouvent de la Dame de Bruix, & pour qui ſa naiſſance n'étoit point un ſecret.

Benoît Chirurgien, ſi fameux par le nom de Chevalier de Meudon que la Dame Marquiſe de Boudeville lui donne dans ſes lettres; ce perſonnage, ſuivant les lettres de la Marquiſe de Boudeville, avoit auſſi le ſécret de la naiſſance de la Dame de Bruix, cela n'eſt pas équivoque.

Enfin, Brunier mari de la ſœur de Tonton, domeſtique de la Marquiſe de Boudeville, & qui auroit été oncle de la Dame de Bruix, ſi elle avoit été niéce de Tonton : ce ſont-là les principaux Acteurs dans l'avis d'amis. On leur donne pour Adjoints Roch, Tailleur de la maiſon, un Limonadier, & autres perſonnes de cette eſpéce. En un mot tous ceux qui paroiſſent ſont dans la dépendance de la Marquiſe de Boudeville, agiſſent par ſes ordres, & ce qui eſt remarquable, tous

tachent avec un foin extrême leur relation avec la Marquife de Bo
deville.

Brunier porte la parole, & tout fon foin, après avoir fait ferment
dire la vérité, eft de la déguifer ; en forte que ce qu'il dit fe trou
diamétralement contraire à ce qui eft prouvé, & à ce qui eft avoi
par la Marquife de Boudeville.

D'abord Brunier fe dit domicilié rüe de Condé, Paroiffe S. Sulpice
afin de cacher qu'il étoit domeftique de la Marquife de Boudeville,
chez qui il demeuroit depuis onze ans.

A ce premier menfonge en fuccéde un fecond. Il diffimule que la
Dame de Bruix a été élevée dans la maifon de la Dame Marquife de
Boudeville depuis l'âge de fix ans, & par elle même : au contraire il
fait demeurer la Dame de Bruix chez la Brunier, & chez la Mondevis
jufqu'à l'âge de treize ans, quand il eft conftant que la Dame de Bruix
en eft fortie à l'âge de fix ans, & que depuis cet inftant elle n'a
ceffé d'être élevée dans la maifon de la Dame Marquife de Boudeville.

Un troifiéme menfonge de Brunier, c'eft qu'il dit qu'il a conduit à 13.
ans la Dame de Bruix dans le Couvent des Andelis à plus de o. lieües de
Paris, & elle n'y a jamais été. Il la fait refter dans ce couvent jufqu'au tems
qu'elle eft entrée à Belle-Chaffe où il dit auffi l'avoir conduite, quoique
ce foit la Damoifelle de S. Martin connuë pour l'amie & pour la confidente de la Dame Marquife de Boudeville qui a conduit la Dame de
Bruix dans ce Couvent, qui a payé fa penfion, & qui l'a retirée, le 5.
Maï 1723. jour de l'avis d'amis dont on rend compte : ce menfonge ef
d'autant plus puniffable, que Brunier depuis onze ans avoit vû la Dam
de Bruix, fans interruption auprès de la Marquife de Boudeville chez qu
il demeuroit. Brunier ajoûte que les pere & mere de la Dame de Bruix lui
font inconnus ; il pouvoit dire que Guillaume de la Salle & Antoinette
Barriere n'avoient jamais exifté. Voilà donc la Dame de Bruix fans état ;
voilà fon Extrait baptiftére, cette piéce fi formidable, felon la Marquife
de Boudeville, & fi méprifable dans la vérité, entierement détruite.

Brunier finit en difant, que comme il fe préfente un mariage avantageux pour la mineure, il a recours au Magiftrat pour faire nommer
un Tuteur.

Enfin Brunier qui auroit été l'oncle de la Dame de Bruix, fi elle
avoit été niéce de Tonton, eft nommé Tuteur en qualité d'ami.

Bellecouche Intendant de la Marquife de Boudeville, & le Chevalier
de Meudon fon Chirurgien, qui étoient auffi-bien inftruits que Brunier de l'état de la Dame de Bruix, ainfi qu'on le prouve par les lettres
de la Marquife de Boudeville, tiennent le même langage d'impofture :
ils commencent par fupprimer les qualités qui les attachent à la Marquife de Boudeville. La Dame de Bruix, difent-ils, eft une fille anonime, c'eft une fille fans état, une fille fans pere & mere connus, &
tous évitent avec grand foin de rien laiffer échaper qui indique aucune
relation avec la Marquife de Boudeville.

Dans ces circonftances, le Magiftrat ne s'arrête plus à l'extrait baptiftére ; il n'exige point le confentement de pere & mere fictifs, au

mariage, ni la preuve de leur décès, ni la comparution de parens. Le Magiſtrat entend des amis qui ſe diſent ſans lumiere ſur l'état de l'enfant, qui dès cet inſtant eſt regardé par lui comme illégitime. Il lui donne Brunier ami pour Tuteur.

La Dame de Bruix a provoqué en apparence cet avis d'amis ſous le nom de Marie de la Salle ; mais qu'on ſe repréſente une fille de ſeize à dix-ſept ans, ſans ſecours, ménacée d'être abandonnée, que l'on retire du Couvent, que l'on conduit auſſi-tôt chez le Magiſtrat, à qui on fait ſigner une Requête toute dreſſée ; & qu'on reconnoiſſe que c'eſt l'ouvrage de la Marquiſe de Boudeville.

Le Contrat de mariage a été paſſé en conſéquence de cet avis d'amis. Sa ſtructure eſt encore une nouvelle preuve contre la Marquiſe de Boudeville : le nom qu'on donne à la Dame de Bruix, eſt celui de *Marie de la Salle* ; on la dit fille de Guillaume de la Salle, & d'Antoinette Barriere.

Le Contrat de mariage ne comprend point de dot, il n'eſt point dit qu'il ſut échû aucune ſucceſſion de pere & de mere, ni que la Dame de Bruix en attendît, puiſqu'elle n'avoit aucuns parens, & que c'étoit un enfant anonyme.

La Marquiſe de Boudeville qui avoit comblé cet enfant de biens, qui l'avoit élevé avec tant de ſoin & de diſtinction, qui avoit provoqué ce mariage, qui en faiſoit toute la dépenſe, ne paroît point dans ce Contrat, non plus qu'à ſa célébration. Si la Dame de Bruix avoit été la niéce de Tonton ; ſi la Marquiſe de Boudeville l'avoit cru, elle n'auroit pas craint de paroître dans cette occaſion ; elle auroit honoré la fête de ſa préſence, & les Actes de ſa ſignature, à titre de protection.

Le ſieur de Bruix conſtituë 1500. liv. de doüaire, & 3000. liv. de préciput. Croira-t-on que des avantages de cette eſpéce n'euſſent pas en vûë la dot de 100000. liv. qui étoit convenuë, & qui étoit aſſurée par une voye oblique ? Croira-t-on qu'on fît ces avantages à la niéce de Tonton ? On ſtipule propre de la part de la Dame de Bruix, lesdeux tiers de ce qui lui reviendroit par donation ou legs.

Enfin le mariage eſt célébré le 2. Juin 1723.

Ce mariage ſe fait de grand matin ; la Marquiſe de Boudeville fait tous les frais de la nôce ; habits, bijoux, repas : mais elle n'aſſiſte pas à la bénédiction nuptiale. Si elle craint de paroître à l'Egliſe, dès trois heures après midi elle s'en dédommage ; elle vient joindre les nouveaux Epoux : elle paſſe le reſte de la journée avec eux, & dès-lors les ſieur & Dame de Bruix n'ont plus d'autre maiſon que celle de la Marquiſe de Boudeville.

La dot de la Dame de Bruix ſe trouve aſſurée par un billet de 100000. livres.

Ce billet n'eſt pas ſous le nom du ſieur de Bruix, il avoit été fait ſous le nom du ſieur de la Borde ; circonſtance bien importante ; nouveau myſtére bien ſingulier : ce billet eſt daté de 1720. ce qui le détache du mariage, auquel il paroît n'avoir eu aucun rapport.

La Dame Marquiſe de Boudeville eſt convenuë dans ſon Interrogatoire, article 40. que ce billet étoit deſa part une nouvelle libéralité en faveur de la Dame de Bruix.

Il faut maintenant expofer les faits qui rempliffent la troifiéme époque. Ce font les faits arrivés depuis le mariage de la Dame de Bruix jufqu'au moment qu'elle a été obligée d'intenter fon action pour être reconnuë.

Le 30. Juin 1723. donation par la Dame Marquife de Boudeville, en faveur de la Dame de Bruix de 1000. livres de penfion viagere. C'étoit un préfent pour l'entretien de la Dame de Bruix, indépen-damment de fa dot, & de fon mari.

Quelques différends furvenus entre la Marquife de Boudeville & les fieur & Dame de Bruix, déterminerent le fieur de Bruix à partir pour Bayonne, lieu de fa naiffance. La Marquife de Boudeville choifit ce tems pour contracter mariage avec le Marquis de Boudeville, à qui elle a fait des avantages confidérables, ou pour le déclarer ; car ce mariage a été caché jufqu'à la mort de Madame la Ducheffe de la Ferté.

Le mariage de la Marquife de Boudeville allarma avec raifon les fieur & la Dame de Bruix. Ils le regarderent comme un nouvel ob-ftacle à la juftice qu'ils avoient droit d'attendre. Le fieur de Bruix fit un voyage à Paris. L'intention des fieur & Dame de Bruix étoit dès-lors de traduire la Marquife de Boudeville en Juftice, pour fe faire reconnoître ; mais la Marquife de Boudeville arrêta les pourfuites par des promeffes. Elle protefta de nouveau de rendre juftice ; elle demanda du tems pour y faire confentir le Marquis de Boudeville, qui feul s'y oppofoit.

La Marquife de Boudeville exigea que la Dame de Bruix fa fille, fit un voyage à Paris.

Si on lit les lettres écrites par la Marquife de Boudeville à la Dame de Bruix, on y voit une mere embaraffée fur la juftice qu'elle doit à fa fille. Elle promet de la rendre cette juftice : tout l'obftacle, c'eft fon fecond mari, elle fe flatte d'obtenir fon confentement ; rien ne doit lui couter pour y parvenir : ce font fes expreffions.

On voit dans ces lettres une mere qui éprouve les fentimens que fait naître la féparation d'une fille chere ; elle ne peut plus vivre fans elle : elle n'avoit pas connu ce que c'étoit qu'une pareille fépara-tion, elle n'y auroit pas confenti ; elle veut que fa fille vienne à Paris, pour y recevoir la juftice qui lui eft dûë fur fon état. Toute fa félicité feroit de paffer fes jours avec cette fille fi chere.

Le fecond mari n'a pas encore pû étouffer ces fentimens, quoiqu'il les contraigne, & qu'il empêche qu'ils n'éclatent. Le devoir, la pieté maternelle femblent pouvoir encore triompher, & l'emporter fur le fecond mari.

La Marquife de Boudeville écrit à fa fille coup fur coup. Quel eft le caractere de ces lettres ? La nature elle-même femble les avoir dictées. c'eft le langage du cœur, c'eft celui de la mere la plus tendre, il ne manque que le nom de fille.

Il eft encore prouvé par ces lettres, que la Marquife de Boudeville faifoit des préfens confidérables ; qu'elle envoyoit des Lettres de Change (a). Il eft auffi prouvé par ces lettres, que c'étoit la Marquife de Boudeville qui faifoit la dépenfe du voyage ; qu'elle fe chargeoit de

faire

faire tenir prêt un logement à Paris pour la recevoir, lorſqu'elle arriveroit.

Ce fut dans le quartier où loge la Marquiſe de Boudeville, qu'elle fit retenir un Appartement.

Mais pour un voyage en ce pays-ci, vous ne ſçauriez vous en diſpenſer, dit la Marquiſe de Boudeville dans ſa lettre du 8. Avril 1729. *Mademoiſelle de Saint Jean vous offre un Logement ; & du reſte, ſoyez tranquille : je remets à ce tems à vous faire connoître ce que je penſe ; & en attendant je laiſſe à votre pénétration à deviner pluſieurs choſes que l'on ne peut confier au papier.*

Quelles ſont ces choſes que Madame la Marquiſe de Boudeville laiſſe à la pénétration de la Dame de Bruix & qui ne peuvent être confiées au papier.

Que l'on ſente bien toute l'énergie, toute la force de ces termes, il y a dans ces lettres une infinité d'autres expreſſions myſtérieuſes.
Le voyage de la Dame de Bruix fut remis par une ſeconde lettre de la Marquiſe de Boudeville, du 5. Juin 1729.

Imaginez-vous, ma chere, que chaque jour me produit quelque nouvel obſtacle ; & que ſi Dieu ne me faiſoit pas la grace de les recevoir de ſa main, comme une punition toute douce par rapport aux offenſes que je lui ai faites, j'aurois de quoi me déſeſpérer, étant attaquée par tous les endroits les plus ſenſibles. Jugez dans une pareille ſituation quelle conſolation j'aurois de vous voir ; mais pluſieurs de mes véritables amis, dont M. de la Broſſe & la Demoiſelle qui vous a écrit, m'ont fait faire l'attention, que ſi vous partiez après vos couches, à peine aurois-je le tems de joüir de vous, parce que je ne puis me diſpenſer d'aller dans mes maiſons de campagne, juſqu'à la ſaint Martin. Vous avez trop d'eſprit, pour ne pas ſentir l'impoſſibilité qu'il y a de vous mener. Ainſi mon avis ſeroit, au cas que vos affaires & votre petite famille ne vous en empêchent pas, d'y venir à la fin de l'Automne, & de paſſer l'hyver à Paris, qui ſeroit le tems où je pourrois vous voir plus ſouvent.

La Dame de Bruix arrive à Paris le 3. Novembre 1729 Elle deſcend chez la Damoiſelle de ſaint Jean. La Marquiſe de Boudeville étoit encore à la Ferté avec le Marquis de Boudeville : inſtruite de l'arrivée de ſa fille, elle précipite ſon retour. Que la réunion fut touchante! Il fallut cependant uſer d'une contrainte qu'on n'avoit pas connuë juſqu'alors. Il eſt prouvé par les lettres de la Marquiſe de Boudeville, que l'arrangement dont on convint, fut que la Dame de Bruix ne ſe trouveroit point chez la Marquiſe de Boudeville, lorſque le Marquis de Boudeville y ſeroit. Cette contrainte étoit telle que la Marquiſe de Boudeville étoit même obligée de ſe cacher pour écrire à la Dame de Bruix.

Mais elle ſçavoit ſe dédommager d'une contrainte ſi cruelle, elle étoit continuellement dans la maiſon de ſa fille, elle en faiſoit toute la dépenſe.

Il ne faut pas laiſſer plus long-tems un article de cette importance, ſans preuve ; on jugera par là de la ſincerité de la Dame Marquiſe de Boudeville dans ſon interrogatoire.

Elle dit, article 3 5. que les Sieur & Dame de Bruix venoient souvent en la présence comme en l'absence du Marquis de Boudeville ; & le contraire est prouvé par ses lettres, soit celles qu'elle a écrites à la Demoiselle de saint Jean, soit celles qu'elle a écrites à la Dame de Bruix.

C'étoit donc par ménagement pour le Marquis de Boudeville que la fille n'étoit pas reçûë dans la maison de la mere.

Les interêts de cette fille étoient opposés à ceux du Marquis de Boudeville ; la Dame de Bruix troubloit la paix domestique.

Ces mêmes lettres prouvent qu'il ne tenoit qu'au Marquis de Boudeville que sa femme rendît justice à la Dame de Bruix, que la Marquise de Boudeville esperoit même d'y faire consentir son mari ; que c'étoit là où se bornoit tous ses désirs, qu'elle étoit résoluë de tout tenter, & de tout sacrifier pour y parvenir, qu'elle ne pouvoit plus vivre séparée de sa fille.

Ce 8. Octobre.

Première Lettre à la Demoiselle de Saint Jean, écrite de la Ferté.

La bonté de votre cœur, ma chere bonne amie, vous expose toûjours à des peines infinies, & je suis sûre que c'est avec plaisir que vous voudrez bien en prendre pour la pauvre Mimi. Vous recevrez incessamment la clef de la chambre de Mademoiselle Guilleman, où vous trouverez dans un endroit que l'on vous marquera, celle de l'armoire de mes habits. Vous aurez la bonté de prendre la robe que vous sçavez que je lui avois destinée ; & outre cela, je vous envoye dans cette lettre un billet pour M. Masse, où je lui marque qu'il me fera plaisir de vous donner de quoi faire une andrienne à votre goût, & que j'y veux bien mettre jusqu'à deux cent livres, en attendant que je sois à Paris, auquel tems je compte lui envoyer encore autre chose.

Ce 2 3. Octobre 1 7 2 9.

Seconde Lettre à la Demoiselle de Saint Jean, écrite de la Ferté.

J'ai reçû aujourd'hui une lettre de Bayonne, par laquelle on me mande que l'on part le 24. qui est demain, quand elle sera arrivée je vous la recommande, & sur tout de la mettre au fait des raisons qui m'empêcheront de la voir chez moi quand M. de Bou. . . . y sera. (a)

Ce 5. Novembre.

Troisiéme Lettre à la Demoiselle de Saint Jean, écrite de la Ferté.

Mimi est sans doute arrivée, je vous la recommande, & vous prie sur toutes choses de lui faire entendre, aussi-bien qu'à son mari, les raisons ESSENTIELLES (b) que j'ai de ne pas donner à M. de B.... le dégoût de les voir chez moi. Tout ce que je pourrai faire pour eux d'essentiel & d'agréable dans leur séjour à Paris, je ne m'y épargnerai pas ; mais je suis si malheureuse, que je ne sçaurois trop éviter les sujets de trouble dans mon domestique (c).

Ce 8. Novembre 1 7 2 9.

Quatriéme Lettre à la Demoiselle de S. Jean, écrite de la Ferté.

De toutes les marques d'amitié que j'ai reçûës de vous, ma chere bonne amie, il n'y en a point de si sensibles pour mon cœur que celles qui regardent les soins & les bontés que vous voulez bien avoir pour ma chere Mimi : elle auroit été bien embarassée si elle ne vous avoit pas trouvée en arrivant à Paris. L'approbation que

(a) Obstacle de la part du sieur de Boudeville.
(b) Ces termes sont bien forts, ils expriment parfaitement toute la resistance du Marquis de Boudeville.
(c) Cette fille étoit un sujet de division entre le second mari & la femme.

vous donnez à la pauvre Madame de Bruix, m'en donne une opinion telle que je la désire. Je suis bien plus charmée que vous soyez contente de son caractere & de son bon esprit, que de ses graces : je fais cas de la solidité & du bon cœur, par préférence aux graces & aux agrémens. Je meurs d'envie de juger par moi-même de tout ce que vous me mandez à son avantage (a).

Je souhaite fort par les raisons que vous sçavez que l'on ignore son arrivée ; & pour cet effet il ne faut pas qu'elle aille chez la Duchesse de Melfort, où son MARI VOUDRA PEUT-ESTRE LA MENER. *Dargini ne manqueroit pas de le planter* AU NEZ DE M. DE B. . . *Leurs interêts & mon repos demandent beaucoup de circonspection, (b) je ne doute pas que vous ne leur fassiez comprendre aussi bien que Michon, qui sans doute les aura vû chez vous. . . . . . Embrassez mille fois pour moi notre chere Mimi, que j'aime à la folie.*

Ce 15. Février 1729.

Ce que vous me mandez du caractere de Madame de Bruix, redouble l'impatience que j'ai de la voir.

En attendant que j'aye pû moi-même prendre soin de l'habillement de Madame de Bruix, (c) j'accepte la bonté que vous voulez bien avoir, de lui faire faire une robe de chambre de ce satin à 10. que vous trouvez joli. M. Benoist vous remettra 100. liv. avant mon arrivée, de peur que cette somme ne vous fît faute. Je retourne à Paris aussi gueuse que j'en suis partie.

Il faut rendre compte des lettres de la Marquise de Boudeville à la Dame de Bruix.

Ce 25. Août 1730.

Je compte partir sans faute le 4. du mois qui vient, pour un voyage qui sera de trois mois. M. de B. . . me mande qu'il s'y rendra le 15. Si nous avions été informés de la marche, nous aurions passé deux bons mois ensemble ; que je regrette bien. (d)

Ce 22. Septembre 1730.

Vous sçaurez qu'étant ici absolument seule avec qui vous sçavez (e), je suis toûjours avec cette personne, ou à portée de la voir entrer dans ma chambre ; c'est dans celle de votre fils (f) que je vous écris en bonne fortune (g). Je n'ai pas besoin du ragoût du mystere pour y trouver plus de plaisir qu'à toutes les occupations les plus agréables. . . . . Mon cœur & mon esprit vous suivent par tout ; l'idée des lieux que j'habite présentement, & le regret de n'y pas faire tout mon bonheur par votre présence. Je reçûs hier votre lettre du 9. par laquelle vous m'accusez la réception de ce petit secours que je vous ai envoyé (h). Vous ne devez pas douter que je n'eusses fait plus, si je l'avois pû ; car votre situation m'inquiéte mille fois plus que vous-même (i) & je ne désire de sortir de mes embarras, qui sont encore grands, que pour applanir les vôtres. Je ne pouvois apprendre rien de si satisfaisant, que le soulagement de votre santé. Ménagez-la toûjours ; car c'est le bien le plus véritable de

(h) La Marquise de Boudeville fournissoit à la dépense du ménage des sieur & Dame de Bruix.
(i) Inquiétude de mere.

Marginal notes:

(a) Empressement de mere.

(b) Cela peut-il s'appliquer à la niéce de Tonton. L'interêt du second mari n'est pas que les enfans d'un premier lit soient en grand nombre.

(c) C'est un soin de mere.

Cinquiéme Lettre de la Marquise de Boudeville, à la Demoiselle de Saint-Jean, écrite de la Ferté.

(d) Quelle contrainte la Marquise de Boudeville éprouve. Quel regret de n'avoir pas passé deux bons mois avec sa fille. C'est un sentiment qui échape.

(e) Le Marquis de Boudeville.

(f) Benoît ou le Chevalier de Meudon.

(g) La Marquise de Boudeville obligée de se cacher du Marquis de Boudeville, pour écrire à la Dame de Bruix. Quelle contrainte !

ce monde. *La mienne eſt aſſez bonne, & j'eſpere que Dieu nous fera la grace d'en jouïr enſemble, peut-être plûtôt qu'il n'y a d'apparence.* (a) *Adieu, mon cher cœur, je vous aime plus que ma vie.*

Il réſulte de ces lettres que le Marquis de Boudeville eſt ſeul cauſe du procès entre la mere & la fille. Qu'il faſſe taire ſes interêts. Qu'il laiſſe la Marquiſe de Boudeville à elle-même ; la nature reprendra ſes droits, la mere & la fille feront bien-tôt réunies. (b)

En 1724. la Dame de Bruix tombe dangereuſement malade à Paris : alors la Marquiſe de Boudeville ne conſulte plus que ſon cœur, elle ne connoît plus de ménagemens ; dès le matin elle vole chez ſa fille, elle n'en ſort qu'à minuit, elle y envoye juſqu'à deux & trois fois la nuit ; elle ſe faiſoit éveiller, pour en apprendre des nouvelles : Que de témoins de faits auſſi publics ! & qu'auroit fait de plus la mere la plus tendre !

La Dame de Bruix rétablie, & en état de ſoûtenir le carroſſe, elle retourne à Bayonne avec ſon mari.

Ici nouvelles lettres de la Marquiſe de Boudeville. Elle ſçait le jour que la Dame de Bruix doit arriver à Bayonne, elle prend ſes meſures, pour qu'elle trouve de ſes lettres en arrivant. Et quelles lettres ?

Ce Lundi 10. Juillet 1730.

Je voudrois pouvoir vous cacher toute ma douleur, ma cher Mimi, afin de ménager la vôtre ; mais il ne m'eſt pas poſſible de me taire ſur le chagrin dont je ſuis pénétrée, depuis le cruel moment de notre ſéparation ; chaque jour me la fait ſentir plus vivement, & rien ne m'en peut diſtraire, que l'inquiétude que j'ai de l'evenement de votre voyage ; je tremble pour votre ſanté dans l'état où vous êtes ; la fatigue de la poſte, & les chaleurs exceſſives qu'il fait depuis deux jours : j'eſpere que je recevrai de vos nouvelles avant votre arrivée à Bayonne, j'en attends & j'en déſire avec une impatience égale à mes ſentimens (c) *; je connois les vôtres, mon cher cœur, & je ſuis bien ſûre qu'ils ne ſe démentiront jamais pour moi, la preuve que j'en exige, eſt de vous bien ménager, je vous promets la même choſe de mon côté ; le tendre attachement que j'ai pour vous, m'attache à la vie, j'en déſire la prolongation pour contribuer au bonheur de la vôtre* (d)*, loin comme de près ; c'eſt ſurquoi vous devez abſolument compter. J'ai ſoûpé tous les ſoirs chez M. Darg. depuis votre départ, avec des compagnies inſupportables ; la maîtreſſe de la maiſon m'en a dédommagé en me parlant de vous avec une amitié, & des regrets qui redoublent ma tendreſſe pour elle. Je dînai hier chez Fonp, où il ne fut queſtion que de vous. Je n'ai pas entendu parler du Philoſophe Manqué, je ſouhaite qu'il ſe rende la juſtice de ne plus revenir chez moi. Ma maiſon m'eſt devenuë odieuſe, tout y reſſent la triſteſſe de votre départ ; vous avez fait une impreſſion ſur tous ceux qui vous ont connuë, qui eſt bien flatteuſe, car il n'y a ni petits ni grands qui ne chantent vos loüanges* (e)

Je fais bien des complimens à M. de Bruix.

Ce 17. Juillet 1730.

Je n'ai point reçu de vos nouvelles, ma chere Mimi, depuis Loches, (f) *jugez de mon inquiétude, & de l'impatience que j'ai d'apprendre votre arrivée à Bayonne. Je pars dans l'inſtant pour la maiſon que vous aimez ; j'y ſerai juſqu'à Samedi : je mene avec moi le Chevalier de Meudon, ſa fille & tout ... le ſeul plaiſir que*

je

(a) Voilà quel étoit tout le vœu de la Marquiſe de Boudeville ; la Religion le lui inſpiroit.

(b) *Tolle maritum. Proſiliet frænis natura remotis.*

(c) Inquiétude & impatience de mere, il lui faut pour la calmer des nouvelles avant que ſa fille ſoit arrivée à Bayonne. Elle lui écrit coup ſur coup pour en apprendre.

(d) La Marquiſe de Boudeville n'a plus d'attachement à la vie que rélativement à ſa fille, & pour contribuer à ſon bonheur.

(e) La mere triomphe des éloges qu'on donne à ſa fille.

(f) Quelle plainte ! Qu'elle eſt bien d'une mere inquiète !

je me propose, sera d'y parler sans cesse de vous dont je suis toûjours occupée (a); je ne vois que gens qui secondent mes sentimens, non pas pour me faire leur cour (b), mais uniquement par l'amitié que vous avez inspiré à toutes les personnes qui vous ont connu, qui joignent leurs regrets aux miens, & qui ne cessent de chanter vos loüanges; je désire que votre présence dans Bayonne fasse autant de plaisir, que votre absence fait ici de peine (c), mandez-moi la réception de vos petits-enfans; (d) ne me laissez rien ignorer de ce qui vous regarde ; les moindres détails qui ont rapport à vous me feront plaisir, j'en userai de même (e), étant bien sûre de la façon dont vous pensez pour les plus simples bagatelles, qui m'interessent.

Ce 21. Juillet 1730.

Je vous écris, ma chere Mimi, de mon hermitage, où je suis depuis quatre jours dans une solitude qui convient à merveille à ma façon de penser, rien ne m'y agite, que l'impatience que j'ai de recevoir de vos nouvelles; je voudrois passer tout le tems que je suis destinée à ne vous pas voir, à vivre comme je fais, car tout le monde m'ennuye, excepté les personnes avec qui je peux parler & penser tout haut sur votre compte. (f)

Ce 24. Juillet 1730.

Quoique vous me rassuriez sur votre santé, je ne puis l'être absolument que lorsque je vous sçaurai arrivée à Bayonne (g), & bien remise des fatigues du voyage; je vous y crois ce soir (h), & j'envie bien le sort des personnes qui ont le bonheur de vous posseder, n'en connoissant plus de véritable sans vous. Je deteste encore plus le monde, que je ne faisois; mais grace à la bonté de Dieu, je prends patience sur tout, il n'y a que sur ce qui vous regarde, ma chere, que j'ai peine à me soûmettre, je fais ce qu'il m'est possible; mais le sentiment l'emporte toûjours sur la raison (i); & je ne puis vous cacher que je souffre infiniment de vous avoir perduë, & que rien ne m'en pourra dédommager. Je ne suis uniquement occupée que de ce qui m'aime; ainsi, mon cher cœur, vous devez être bien sûre que je ne vous perds pas de vûë, quoi qu'absente, & que vous m'êtes plus chere que le jour que je respire. Adieu, mon adorable Mimi, je vous aime plus tendrement, qu'on n'a jamais aimé.

Ce 10. Novembre 1730.

Pour moi je compte de ne revoir Paris que vers Noël; rien ne m'excite à y retourner; il me semble même que j'y aurai le cœur plus pénétré de douleur de m'y retrouver dans un tems qui me rappellera celui de l'année passée, où tous mes plaisirs ne tendoient qu'à profiter des instans que je pouvois joüir de la consolation de vous voir. Je dirai à juste titre, quand je m'y retrouverai, tout m'en fait souvenir, & rien ne lui ressemble. (k) Enfin ma chere Mimi, je vous porte toûjours dans mon cœur, mes pensées, mon esprit, mes désirs ne sont remplis que de vous, & assûrément il n'y a rien d'indirect dans mes sentimens; car les motifs qui auroient pû les exciter, sont bien éteints, vous y avez seule part, adieu, mon cher cœur, je vous aime assûrément à la folie.

Ces lettres se succedent rapidement. Le chagrin de la Marquise de Boudeville de se voir séparée de la Dame de Bruix y éclate par tout: on y trouve l'amour maternel le plus tendre; cet amour ingénieux fournit à la Marquise de Boudeville un expédient pour rejoindre une fille bien-aimée : elle se fait ordonner les Eaux de Bannieres qui ne sont qu'à vingt lieuës de Bayonne.

C'étoit un prétexte pour aller voir la fille & cette petite famille si

(a) La naissance de la Dame de Bruix n'est pas un mystere pour eux.

(b) On faisoit la cour à la Marquise de Boudeville en loüant sa fille.

(c) Quel sentiment! Qu'il est vif!

(d) Ici la Marquise de Boudeville se montre mere & ayeule.

(e) Quel commerce!

(f) Qu'on pése ces expressions! Un mystere pour le public: Une confidence pour les amis. On se soulage en leur parlant librement.

(g) Combien de lettres avant l'arrivée de la Dame de Bruix, qui va à Bayonne en poste. Quel empressement? Quelle tendresse! Quelle inquietude? à ces traits qu'on reconnoisse la mere?

(h) Elle a compté les jours pour sçavoir l'instant de l'arrivée.

(i) La pieté & la Religion avoüent les sentimens de la Marquise de Boudeville pour la Dame de Bruix.

(k) Quelle vivacité de sentiment!

cherie, au milieu de laquelle on vient de voir qu'elle souhaitoit de se trouver.

Les Eaux de Bannieres sont ordonnées : la Marquise de Boudeville s'applaudit de l'expédient ; mais lorsqu'elle part , le Marquis de Boudeville se met du voyage : par là le projet de la Marquise de Boudeville est déconcerté : nouvelles lettres à ce sujet écrites de Bannieres. Quels traits employés pour exprimer sa douleur sur ce contre-tems !

Enfin toute la ressource de cette mere est de s'entretenir de sa fille, qu'elle ne peut pas voir : elle trouve aux Eaux des Dames de Bayonne ; elle s'unit à elles , pour pouvoir s'entretenir de sa fille. Ces Dames partent-elles pour retourner à Bayonne , elle leur remet des présens pour sa fille ; c'étoit des bijoux, & 40. Louis d'or.

Enfin la Marquise de Boudeville s'ennuie avec tout le monde ; elle ne se plaît plus (ce sont ses expressions) qu'avec ceux avec qui elle peut parler ouvertement de sa fille , avec ceux qui sont les confidens de la naissance de cette fille, avec ceux avec qui elle peut s'entretenir des éloges qu'elle a mérité dans son voyage de Paris , de ses graces , de son esprit, avec qui enfin elle peut parler , & penser tout haut sur le compte de cette fille.

Si l'on demande à la Marquise de Boudeville si la Dame de Bruix étant à Bayonne , la Dame répondante qui étoit malade , n'a pas engagé les Médecins à lui conseiller les Eaux de Bannieres, dans l'esperance que se trouvant proche de Bayonne , elle seroit plus à portée d'aller voir la Dame de Bruix.

Elle répond, que les Medecins lui ont conseillé de prendre les Eaux les plus convenables pour les rhumatismes.

Interpellée d'Office de répondre plus précisément.

A dit qu'elle a répondu.

Mais les lettres de la Marquise de Boudeville contredisent ses réponses.

Art. 41. de l'interrogatoire

(*a*) Voilà le seul objet , le seul sujet de la division entrele Marquis & la Marquise de Boudeville.

(*b*) Le motif du voyage, c'est de voir sa fille.

(*c*) Le Marquis de Boudeville ne croit pas devoir laisser sa femme à elle-même. Il veille pour empêcher une réunion funeste à ses interêts.

(*d*) Quel est ce plaisir désiré depuis si long-tems, & si traversé ? La Marquise de Boudeville ne le laissera pas ignorer.

(*e*) La peinture est fâcheuse pour le Marquis de Boudeville, mais qu'il se l'impute.

8. Décembre 1730.

Peut-être m'ordonnera-t-on les Eaux de Barreges ou de Banniere : du moins j'y ferai ce que je pourrai, étant bien sûre que la satisfaction de me rapprocher de vous seroit plus efficace pour ma guerison que toute la vertu des Eaux ; enfin je n'imagine pour ma consolation que le moyen de nous rejoindre ; j'y songe perpétuellement, & tous mes projets & mes desirs n'ont que ma chere Mimi pour objet, (a) l'aimant mille fois plus que ma vie.

Premier Juillet 1730.

Vous avez trop de preuves de ma façon de penser , ma chere Mimi, pour n'avoir pas démêlé la véritable cause de l'entreprise de mon voyage : (b) mes maux, quoique des plus violens, n'auroient jamais pû m'y résoudre, mais l'envie extrême de vous revoir m'avoit rendu tout facile pour y parvenir. Quand mon départ fut déterminé , je me trouvai mieux escortée que je ne l'avois cru : (c) je n'en augurai pas trop bien ; j'espérai cependant que le prétexte de ces Eaux ici me procureroit le plaisir que je desire depuis si long-tems. (d) Si j'avois fait réflexion à votre état , sur tout sçachant par experience les chemins diaboliques qu'il faut passer , j'aurois remis à l'année prochaine le projet dans l'exécution duquel je ne trouve que douleurs, peines, contradictions, & chagrin de toute façon : (e) je croyois avoir essuyé tout ce qu'il y a de plus cruel, mais en vérité, ma chere Mignone, c'est un tourment nouveau, que de me sentir à vingt lieuës de vous dans l'impossibilité de vous voir, n'étant venuë en ce pays-ci qu'à cette intention. Il n'y a pas de moment du jour & de la nuit que je ne m'en désespere. (a)

Je sçai qu'il faut se soumettre à la volonté du Seigneur, & c'est la grace que je lui demande continuellement dans la conjoncture présente, qui me perce le cœur, malgré l'envie que j'ai de lui en faire le sacrifice. (b)

Il y a ici deux Dames de votre ville avec lesquelles je me suis un peu entretenuë de vous; (c) *c'est Madame Deville. Je ne sçai pas trop de quel caractere elle est, quoiqu'elle me paroisse fort aimable : mandez-moi comment vous êtes ensemble : elle compte s'en retourner dans 15. jours; je la prierai de se charger de quelques petites choses pour vous....* (d) *Je ne compte dans le monde que sur vous; vous devez avec justice compter sur les mêmes sentimens de ma part, & être bien persuadée que l'absence, l'éloignement qui d'ordinaire ralentit la plûpart des amitiés, ne fait qu'augmenter celle que j'aurai jusqu'au dernier moment de ma vie pour vous.*

Ici se présente un nouvel ordre de faits. Un évenement qui arrive en 1732. jette un nouveau jour dans toute cette affaire, & oblige de parler d'une sœur de la Dame de Bruix, qui ne paroît pas dans cette cause, c'est Virgine; on l'a déja annoncée comme un nouveau sujet d'allarme : on a cru pouvoir s'en faire un moyen contre la Dame de Bruix : il faut prouver que c'en est un en sa faveur.

La Dame de Bruix a donc une sœur vivante qui avoit été amenée chez la Mondevis comme elle, qui avoit été reçuë chez le Marquis & la Marquise de la Ferté, & qui avoit été élevée avec elle. Il est indispensable de rendre compte de ce qui regarde cette fille, & d'instruire la Cour de son sort.

Virgine, c'est le nom qui avoit été donné à cette fille, avoit aussi été reçuë par Desforges, Accoucheur, présentée au Baptême à Saint Merry le 15. Novembre 1706. nourrie par la nommée Deville; cette femme & son mari sont vivans, ils sont également au fait de l'état de Virgine & de celui de la Dame de Bruix.

Virgine est dite fille de Louis de Sainte Maixence, Ecuyer, sieur de la Boulaye, Capitaine de Dragons, & de Damoiselle Charlotte de Long Pré.

Même mystere dans le nom des pere & mere, que dans l'Extrait baptistére de la Dame de Bruix. Le pere est dit absent. Noms de pere & mere differens de ceux de l'Extrait baptistére de la Dame de Bruix, quoique ces deux enfans ayent été élevés comme sœurs, pere & mere supposés, & non existans.

Cette fille avoit eu la même éducation, & reçû les mêmes soins que la Dame de Bruix : cette fille est sœur de la Dame de Bruix : leurs Extraits baptistéres ne peuvent pas se concilier. Quelle contradiction! Quel mystere !

Mais ce qui est infiniment important, cette fille en devenant grande, avoit eu le malheur de déplaire à la Marquise de Boudeville, la Dame de Bruix avoit seule toute son affection; toute la préference : suivant le langage de ses lettres, cette fille qu'on maltraitoit encore plus depuis le mariage de la Marquise de Boudeville, se retira dans le Couvent des Dames de la Visitation de Sainte Marie de Melun : de là

(a) Voilà la cause du voyage marquée bien clairement. Quel regret d'être trompée dans son esperance de voir sa fille.

(b) La Religion vient inutilement à son secours. Le sentiment l'emporte sur la raison, comme dit la Marquise de Boudeville dans une autre de ses Lettres.

FAIT *concernant Virgine sœur de la Dame de Bruix.*

(c) Voilà la consolation, s'entretenir de ce qu'on aime.

(d) Toûjours des présens. Eh pourquoi pas Justice ? Le second mari elle écrit à la Marquife de Boudeville : elle lui demande hautement les fecours qui lui étoient dûs & qui lui étoient néceffaires : elle figne : *La Ferté Senneĉterre* : cette fignature irrite la Marquife de Boudeville. Virgine eft releguée dans un Couvent à Boulogne fur mer , où on la retient par ordre fuperieur , fans avoir même la liberté d'écrire. Virgine avoit été accompagnée dans fa fuite d'une véritable niece de Tonton qui lui fervoit de compagne , & d'amufement dans la maifon de la Marquife de Boudeville. On ne s'embaraffa pas de celle-ci , on l'abandonna à elle-même.

Virgine perfecutée prit fans vocation l'habit de Novice , les Religieufes étoient chargées de lui faire fentir , que c'étoit le feul parti qui lui reftoit. La Marquife de Boudeville s'appaife , dès qu'elle fçait que Virgine fe réfout à être Religieufe , on ne la laiffe manquer de rien , on a toutes fortes d'égards pour elle dans le Couvent.

La Marquife de Boudeville lui fournit de quoi fatisfaire à fes fantaifies ; cependant Virgine recule toûjours l'inftant du facrifice , & pour l'éviter elle feint de vouloir changer de Couvent , l'air de Boulogne lui étant contraire ; la Marquife de Boudeville fe prête , la lettre de Cachet qui fubfiftoit encore eft révoquée. Virgine demande un Couvent à Calais ; elle y eft conduite : nouvelles complaifances à fon égard : elle dépenfe 10000. l. dans ces Couvens, mais libre elle perd la vocation qu'elle n'avoit euë que quand elle étoit captive, & retenuë par une Lettre de Cachet. Alors on lui propofe d'aller demeurer avec les fieur & Dame de Bruix , en leur payant une bonne penfion : ce font les expreffions de la Marquife de Boudeville dans fes lettres.

Virgine fuivant ces mêmes lettres donne de nouveaux fujets de plainte : on accepte fon repentir : elle manque de nouveau : elle fe porte à des extrémités qui font telles , fuivant les lettres de la Marquife de Boudeville , qu'il s'agit de réprimer pour jamais fa témerité , fon infolence , fon impofture , propres termes des lettres.

Qui ne croiroit que la niece de Tonton va être abandonnée ? Et en effet, quoi ! cette fille ne tient par aucun lien à la Marquife de Boudeville . cette fille eft *fotte* , *diffimulée* , *ingrate* ; elle a porté les chofes à un excès intolerable , & elle éprouve encore fes bontés ; la Marquife de Boudeville s'inquiete encore pour elle ; elle s'intereffe encore à elle. Eh ! d'où naît cette union que rien ne peut rompre ? La nature feule a pû la former.

Quel étoit le crime de Virgine ? Que la Marquife de Boudeville rapporte les lettres de Virgine dont dans le premier mouvement elle marquoit à la Dame de Bruix qu'elle lui enverroit copie, ce que la réflexion l'a empêché d'exécuter : on y verroit que la malheureufe Virgine demandoit fon état ; qu'elle avoit figné : *La Ferté Senneĉterre* ; qu'elle avoit porté fes plaintes jufqu'à la Cour ; qu'elle avoit demandé Juftice par une lettre en forme de mémoire inftructif.

Voilà l'impudence , la temerité , & l'impofture dont la Marquife de Boudeville fe plaignoit fi amerement : le mémoire lui ayant été communiqué , elle éclata d'adord : mais bien-tôt la colere fit place à la prudence.

dence. La Marquife de Boudeville eut recours au fieur de la Broffe fon confident , fon ami , dont elle vante *le bon efprit & la probité.*

Comment eft-ce que le fieur de la Broffe qui eft le Heros de la Marquife de Boudeville dans cette occafion fuivant fes lettres , à qui elle prodigue les plus grands éloges , lui a rendu le fervice fignalé qu'elle vante tant , & qui a fait tout le repos de fa vie , en réprimant pour jamais l'impofture & la témerité de Virgine ; & comment eft-ce qu'il l'a réprimée ?

Avoit-on befoin de fecours pour réprimer l'impofture & la témerité de Virgine : fi elle n'avoit pas été la fille de la Marquife de Boudeville , il n'y avoit qu'à l'abandonner à fon malheureux fort : elle s'étoit montrée indigne des bontés de la Marquife de Boudeville. La niéce d'une Femme de chambre qui avoit porté l'impudence , la témérité & l'impofture aux derniers excès , méritoit-elle un autre fort ? Mais non , la nature ne perd pas fes droits : la Marquife de Boudeville n'aime pas Virgine , il eft vrai ; mais Virgine eft fa fille ; auffi dans le tems qu'elle tonne contre elle dans fes lettres, elle ne ceffe pas d'être mere, elle eft obligée de faire pour Virgine par devoir, ce qu'elle fait par goût , par inclination , par amitié, par amour, par devoir , & par piété pour la Dame de Bruix.

Le fieur de la Broffe fon ami part en pofte pour Calais, il va négocier cette affaire. Son bon efprit lui dicte de ne pas paffer une tranfaction fur l'état : ç'auroit été fournir des armes à Virgine ; mais il donne une fomme d'argent , & il convient d'une penfion de 1800. liv. dont 1300. livres de rente viagere qui paroît caufée pour 13000. liv. fournies par Virgine, quoiqu'elle n'ait rien , avec 500. liv. de penfion dont la Dame Marquife de Boudeville lui fait donation après fa mort , pour caufe , eft-il dit, d'affection ; elle qui détefte Virgine.

Virgine , le 11. Mars remet fa procuration au fieur de la Broffe pour paffer cet Acte à Paris, & pour accepter la conftitution de rente , & la donation.

Le premier Avril 1731. l'acte eft paffé par la Marquife de Boudeville. Mais eft-ce-là avoir réprimé pour jamais l'infolence , la témérité de Virgine ? Le fieur la Broffe prend la précaution d'une contre-lettre. Le paquet qui la renferme eft dépofé. Voilà ce que le bon efprit, la probité, & la droiture lui ont dicté.

La contre-lettre eft actuellement en dépoft à Saint Lazare. C'eft , il eft vrai, un myftere impénétrable. La Marquife de Boudeville en nie même l'exiftence, mais cette exiftence n'eft pas moins certaine. Voici ce que contient cette contre-lettre. Virgine fe reconnoît rembourfée de la rente, & il eft écrit fur le paquet qu'il doit être remis à la Marquife de Boudeville, en cas que Virgine lui faffe un procès.

Il refte de rapporter les lettres de la Marquife de Boudeville, qui contiennent la preuve de tous ces faits.

Ce 11. Août 1728.

Je démêle dans vos lettres des fentimens fi raifonnables , que je ne doute pas que la piété n'en soit le fondement, & c'est ce qui redouble ma tendresse pour vous. Je vous ai toûjours connu bien de l'esprit, & un bon cœur. Votre vivacité me faisoit craindre quelque chose (a); mais je vois avec bien de la joie que vous pensez aussi sensément que spirituellement, & vous pouvez être persuadée qu'avec de semblables sentimens, vous me trouverez toûjours telle que vous le pouvez désirer. Il ne tiendra pas à moi que Virgine n'aille vous trouver. J'ai parlé à Bellecouche (b) aujourd'hui, pour qu'il fasse agir pour cela votre bon ami. (c) Elle seroit bien heureuse de penser aussi bien que vous; mais son caractere & le vôtre ne se ressemblent pas. (d) Elle est dissimulée, & très-indifférente pour ce qu'elle devroit aimer le plus: je désire fort qu'elle soit avec vous, & qu'elle puisse profiter de vos bons avis. Le bonheur des personnes à qui je m'interresse est tout ce que je désire; mais je souhaite le vôtre, & celui de votre famille par préférence à tout. Comptez sur cette vérité, ma chere Mignone, puisque jamais on ne peut aimer plus tendrement que je vous aime.

25. Janvier 1729.

Je suis plus touchée que jamais des sentimens que vous me témoignés. Quand je relis vos lettres, ce qui m'arrive fort souvent, il me semble que je les ai dictées. (e) Il y a un caractere de vérité qui me charme plus encore que l'esprit dont elles sont dictées. Enfin, vous êtes tellement selon mon cœur, que je me sçais bon gré de la préférence (f) que vous y avez toûjours eu sur toutes les personnes à qui j'ai accordé mon amitié, dont en vérité la plûpart sont bien indignes.

Je vous enverrai au premier jour deux lettres de Vir... (g) qui vous feront juger de son caractere. Jamais on n'a écrit fatras de verbiage & impertinences semblables à ce que vous verrez: elle est indigne du bonheur de vivre avec d'aussi honnêtes gens que M. de Bruix & vous, (h) & je suis persuadée, selon tout ce qui transpire d'elle, qu'elle vous donneroit beaucoup de peine si vous étiez chargez du soin de sa conduite. Les bons exemples ne peuvent rien sur des cœurs mal nés, sur tout lorsqu'il n'y a point d'esprit; car entre nous, elle est fort sotte, & très-dissimulée, & n'a jamais aimé que la canaille. (i)

Ce 18. Juillet 1729.

Je crois ne vous devoir pas laisser ignorer que l'on a proposé à Virgine de l'envoyer auprès de vous (ou bien de venir chez la tante aux Andelis.) (k) Elle a dit qu'elle aimoit mieux rester où elle est depuis quatre ans & demi. Elle a dépensé dans son Couvent 6400. liv. encore trouve-t-elle que ce n'est guéres. Vous pouvez juger de là ce que c'est que son caractere: tant pis pour elle, (l) car elle s'en trouvera mal, & tôt ou tard Dieu ne laisse jamais rien d'impuni, & n'abandonne jamais ceux qui ont le cœur droit, & qui agissent selon de bons principes: persistez toûjours, ma chere Mignone.

Ce 6. Juin.

Je vois que vous êtes bien dans l'ignorance sur ce qui regarde Virgine, par la façon dont vous m'en parlez. Depuis les impertinences qu'elle avoit faites, j'avois eu

---

Notes marginales :

(a) Allarmes de mere.

(b) Bellecouche, Intendant de la Marquise de Boudeville, un des acteurs principaux dans le fameux avis d'amis.

(c) Benoît.

(d) Paralelle des deux sœurs.

(e) La Marquise de Boudeville se plaît à trouver une ressemblance de caractere entre la Dame de Bruix & elle.

(f) Amour de préference pour la Dame de Bruix. La préference suppose l'égalité de droit au cœur. Virgine n'est pas aimée.

(g) La Marquise de Boudeville n'a pas envoyé les lettres, & ne les representera pas.

(h) On avoit proposé à Virgine de venir demeurer avec les sieur & Dame de Bruix. Pourquoi cette union? ce sont deux sœurs.

(i) Portrait désavantageux de Virgine, qui n'est point aimée.

(k) Cette Tonton qu'on n'appelloit tante que pour cacher la naissance de Virgine & de la Dame de Bruix.

(l) Pourquoi la Marquise de Boudeville se plaint-elle de la dépense, si elle ne l'a pas faite? Et qui est-ce qui l'a faite?

la bonté de recevoir son repentir, & d'y ajoûter foi. Elle avoit paru désirer avec ardeur de prendre le parti de se faire Religieuse, & jamais il n'y a eu en apparence une si bonne vocation, pendant le tems qu'elle a demeuré dans la maison où on l'avoit mise. D'abord elle a touché pour sa pension ou son entretien plus de mille écus, (a) & elle a été traitée avec tous les égards imaginables. (b) Elle a désiré de changer de Couvent : on l'a satisfaite, & depuis qu'elle y est, il paroît qu'elle a changé d'intention ; elle a même discontinué de m'écrire, (c) & depuis que je suis ici, je n'en ai pas oüi parler. Si vous n'avez pas de ses nouvelles, c'est qu'elle ne le veut pas, car elle est en toute liberté de le faire (d), si elle est dégoûtée du parti qu'elle vouloit prendre, le meilleur pour elle seroit de vivre avec vous autres, en vous donnant une bonne pension (e). Voilà ce que je pense ; mais elle ne me met pas à portée de m'interesser assez à elle, pour lui faire l'honneur de la conseiller : elle a un caractere de dissimulation que je déteste ; on peut faire des fautes par jeunesse, & quand je connois le fond du cœur bon & vrai, je pardonne. (f) Voilà comme je pense, & c'est ce qui fait, ma chere, que vous me trouverez toûjours remplie de bontez & d'amitié pour vous, parce que je vous ai connu des sentimens de vérité, que j'espere que vous ne démentirez point.

Le 11. Mars Virgine donne sa procuration, pour accepter la donation de la part de la Marquise de Boudeville, à peine le sieur de la Brosse, porteur de la Procuration est arrivé à Paris ; à peine la Marquise de Boudeville sçait qu'une affaire aussi fâcheuse est terminée, que dans le premier mouvement de sa joye elle écrivit à la Dame de Bruix.

Ce 18. Mars 1732.

Je connois votre façon de penser comme la mienne propre ; des évenemens incroyables (g) se sont joints à ma malheureuse destinée, quoi que très-accoûtumée aux choses les plus singulieres, il n'étoit pas possible de prévoir jusqu'à quel point la Demoiselle de Calais a poussé l'insolence, la témerité, & l'imposture. Ce fut par M. de la Brosse que j'en fus informée, lequel avec son bon esprit, & sa probité ordinaire a donné des preuves de la plus parfaite amitié ; vous en sçaurez quelque jour toutes les circonstances ; & vous jugez bien qu'il est impossible de vous les mander. (h) Je n'ai pas vécu un instant tranquille (i), jusqu'à celui où notre cher la Brosse a trouvé le moyen de réprimer pour jamais de pareilles impudences (k) ; j'avois bien recommandé à votre fils de vous faire entendre à demi mot l'horreur de ma situation (l) ; je sens plus que jamais que vous êtes l'unique objet de mes désirs, & de mes craintes, (m) & que je ne tiens dans ce monde ici qu'à vous seule (n), votre santé m'inquiete horriblement depuis que je vous sçais grosse ; j'exige de votre amitié pour moi des soins & des attentions à vous bien ménager.

M. de B. a pensé mourir d'une esquinancie, il y a quinze jours, il est changé à faire peur ; son humeur va toûjours en augmentant, comme vous sçavez la mienne y est faite, & s'attend à tout. A force de mal, je ne sens quasi plus rien, je suis toute ébetée ; l'unique sentiment qui me reste, sans que rien puisse jamais l'alterer, c'est de sentir que je vous aime de toute mon ame, & que j'ai le cœur percé de douleur, de ce que l'apparence pourroit, si vous n'étiez pas éclairée par la vérité des mou-

(a) Nouvelle dépense pour la pension & pour l'entretien.

(b) Ces égards pour Virgine, étoient afin de l'engager à être Religieuse. Etoient-ils pour la niece de Tontoh ?

(c) Pourquoi la Marquise de Boudeville se plaint-elle que Virgine ne lui écrit pas ? elle a raison, si c'est sa fille.

(d) Virgine n'avoit donc pas été toûjours en liberté d'écrire.

(e) Qui est-ce qui devoit païer cette bonne pension, car Virgine n'a rien ?

(f) Morale qui convient à une mere.

(g) Quels sont ces évenemens incroyables? Comment Virgine peut-elle en être la cause ?

(h) Quelles sont ces circonstances qu'il est impossible de mander ?

(i) Il falloit qu'elles fussent bien fortes.

(k) Elles pouvoient donc, si on ne les avoit pas reprimé pour jamais se renouveller.

(l) La Marquise de Boudeville chargé Benoît son confident de les faire entendre à demi mot.

(m) La Dame de Bruix comme fille est en même tems l'objet des desirs, & des craintes de sa mere. Elle peut en venir à un éclat : voilà la crainte.

(n) Comment est-ce que la Dame de Boudeville ne tient dans le monde qu'à la Dame de Bruix? Quel lien les unit?

vemens de votre cœur, vous avoir donné lieu de douter de toute la tendresse du mien (a); n'en doutez jamais, ma chere Mimi, car rien n'est si vrai que je vous aime plusque ma vie.

Que l'on mette à côté de ces lettres l'interrogatoire de la Marquise de Boudeville.

Interpellée de déclarer quels sont ces évenemens incroyables, qui se sont joint à sa malheureuse destinée, dont il est parlé dans sa lettre.

A dit que c'est un fait étranger à la question présente.

Interpellée de déclarer le fait pour connoître s'il est étranger.

A dit qu'elle a répondu.

Quelles sont les circonstances que la Dame de Bruix sçaura quelque jour, & qu'elle juge bien qu'il est impossible de lui mander, qui sont telles que ladite Dame dit n'avoir pas vécu un instant en tranquillité jusqu'à ce moment.

A dit qu'elle les a oubliées.

Quel a été l'expédient qu'elle dit par sa lettre que le sieur de la Brosse a imaginé, pour réprimer pour jamais de pareilles impudences ?

A dit que c'est une chose étrangere à la question présente.

Interpellée en quoi ont consisté ces impudences.

A dit qu'elle a répondu.

Si la personne dont elle parle n'étoit pas sa fille, pourquoi a-t'elle été allarmée au point qu'elle le témoigne ?

A dit qu'elle a répondu.

Quoi la Marquise de Boudeville a oublié ce qui avoit fait des impressions si vives sur elle ?

Que l'on ajoûte la donation du premier Avril 1732. en faveur de Virgine, & le mystere est éclairci.

Il faut reprendre maintenant ce qui regarde la Dame de Bruix.

On l'a laissée à Bayonne, où elle étoit retournée, après avoir été rétablie de la maladie dangereuse qu'elle avoit euë à Paris. En arrivant à Bayonne, elle y trouve les lettres les plus tendres de la Marquise de Boudeville.

Celle-ci écrit à la Dame de Bruix coup sur coup, elle compte les jours de son voyage, & celui de son arrivée.

Les lettres se succedent rapidement ; elle ne peut supporter une séparation aussi cruelle, elle ne peut plus vivre éloignée de sa fille ; tout son objet est de se réunir, & de finir ses jours avec elle.

Ce 31. Octobre 1730.

Enfin je n'imagine pour ma consolation que les moyens de nous rejoindre ; j'y songe perpétuellement, & tous mes projets & mes désirs n'ont que ma chere Mimi pour objet, l'aimant mille fois plus que ma vie.

Ce 25. Août 1730.

Dieu merci, je suis parvenuë à ne me fâcher que des choses qui interessent mon cœur à juste titre. Vous en êtes le principal objet ; il n'y a pas de moment que je ne pense à vous, je ne perds pas une occasion de m'en entretenir, & je ne songe qu'au

moyen

(a) Comment l'apparence peut-elle faire douter la Dame de Bruix des sentimens de la Marquise de Boudeville pour elle ? Qu'on se rappelle tout ce qu'elle a fait en sa faveur. Mais elle ne l'a pas reconnuë autentiquement.

moyen de mettre les choses en état de nous réjoindre de façon à ne nous quitter jamais. Vous pouvez compter, ma chere Mimi, que jusqu'à ce que j'y sois parvenuë, je n'aurai ni plaisir ni repos. (a)

Ce 20. Octobre 1730.

Malgré l'adoucissement d'humeur de la personne que vous sçavez, je trouve dans sa façon de penser, d'agir, & de parler, si peu de conformité avec mon caractere, que je suis toûjours en garde pour éviter des scenes qui ne laissent pas quelquefois que d'arriver, & c'est souvent à l'occasion de ce frere si cheri, pour lequel je ne pourrai revenir en apparence qu'aux conditions de vivre avec vous dans les circonstances que je veux (b). Voila quel est le but où j'aspire, & rien ne me coûtera pour y parvenir; (c) car je sens tous les jours de plus en plus, ma chere Mimi, que je ne sçaurois être heureuse tant que je serai séparée de vous, qui êtes la seule personne qui soyez selon mon cœur & mon goût.

A la fin :

Charlotte est mon unique ressource, & la seule personne avec qui je puisse ouvrir mon cœur. C'est pour lui dire tout ce que je pense.

Ce 13. Janvier 1731.

Si j'avois sçû prévoir les circonstances présentes, je vous assure que je n'aurois jamais consenti (d) à votre départ pour Bayonne. Je ne songe qu'à vous en voir revenir. Je ferai l'impossible pour que ce soit plûtôt que je ne l'avois esperé quand nous nous sommes séparées (e) Depuis ce funeste moment, ma chere Mimi, je n'ai vécu que de douleurs & de regrets.

La Dame de Bruix cede à ces nouveaux empressemens, à des instances si vives. Elle vient à Paris, & y améne trois enfans.

Le Marquis de Boudeville étoit alors absent, la circonstance étoit heureuse ; la Marquise de Boudeville va à sa maison de Cachan attendre la Dame de Bruix : elle envoye deux carrosses au devant d'elle, au Bourg-la-Reine. La Dame de Bruix vient descendre à Cachan avec son mari, & trois enfans ; ils y passent quinze jours. La Fauvergne, Nourrice de la Dame de Bruix, que la Marquise de Boudeville a méconnu dans son interrogatoire, se trouve dans la maison, destinée à servir de Gouvernante aux enfans de la Dame de Bruix.

Nouveaux bienfaits de la part de la Marquise de Boudeville. Au bout de quinze jours on revient à Paris. La Dame Marquise de Boudeville engage un de ses anciens amis, parfaitement instruit de l'état de sa fille, à lui prêter un appartement dans sa maison, ruë de Richelieu : cet appartement se trouvoit vis-à-vis de l'Hôtel de la Ferté.

Les trois enfans de la Dame de Bruix restent encore trois semaines à Cachan, sous la conduite de la Fauvergne, jusqu'à ce qu'on eût pris des mesures pour les mettre au College.

La Dame de Bruix a d'abord vécu dans l'union la plus parfaite, & la

---

(a) Toûjours le même désir de se réunir. Elle n'aura ni plaisir, ni repos qu'elle n'y soit parvenuë. Est-ce la niéce de Tonton qui fait naître ces sentimens ?

(b) Le traité est singulier, je souffrirai votre frere que je déteste, dit la Marquise de Boudeville à son mari, laissés moi vivre avec ma fille, & comment ? Dans les circonstances que je veux. Quelles sont ces circonstances ? La reconnoissance solemnelle, la Justice pleine & entiere.

(c) Que l'on sente bien toute la force, & toute la conséquence de ces termes; Ils ne sont énigmatiques que pour ceux qui ne veulent pas les entendre.

(d) Terme d'autorité qui convient parfaitement à une mere.

(e) La Marquise de Boudeville est toûjours agitée du même désir de se réünir avec sa fille.

plus intime avec la Marquise de Boudeville, elle a reçu d'elle toutes sortes de bienfaits.

Mais la Marquise de Boudeville manquoit à la justice qu'elle devoit à sa fille sur son état ; elle n'étoit pas libre à cet égard ; le Marquis de Boudeville formoit des obstacles qu'il eût fallu vaincre.

C'est donc moins contre la Marquise de Boudeville, que contre son second mari, que la Dame de Bruix s'est vû réduite à intenter une action dont elle a senti tout l'éclat. Ce n'a été qu'après avoir tout épuisé, qu'après toutes les démarches qu'exigeoient le devoir & la pieté, qu'après avoir de nouveau demandé justice à la Marquise de Boudeville par la lettre la plus soûmise & la plus respectueuse, & qu'après avoir rendu compte de cette démarche à Madame la Duchesse de Vantadour, qui n'ignore pas son état, ainsi qu'il résulte d'une lettre de la Marquise de Boudeville

Il faut mettre sous les yeux de la Cour une lettre de la Marquise de Boudeville, dans laquelle on voit qu'elle s'est entretenu de la Dame de Bruix avec Madame la Duchesse de Vantadour. Eh ! dans quelles circonstances ; lors de la disgrace du Marquis de la Ferté. Sa fille lui devient alors plus chere ; elle est la consolation de cette mere affligée, en reglant le sort de son fils avec Madame la Duchesse de Vantadour, elle s'entretient de sa fille pendant une heure. Etoit-ce de la niéce d'une femme de Chambre que la Marquise de Boudeville entretenoit pendant une heure Madame la Duchesse de Vandatour dans une aussi triste occasion ?

Ce 31. Juillet 1731. De Versailles.

J'ai tant de choses à vous dire, ma chere Mimi, que je ne sçai par où commencer. La plus pressée selon ce que je pense pour vous, est de vous assurer que je vous aime plus tendrement que jamais ; & qu'au milieu de toutes les peines dont je suis environnée, surtout depuis trois mois, une de mes plus sensibles a été de me trouver dans l'impossibilité de pouvoir vous écrire, cela paroît incroyable : (a) mais vous devez sçavoir que je suis faite pour éprouver tous les jours de nouveaux tourmens & nulle consolation, que dans le courage & la patience que Dieu me fait la grace de me donner. Je sentirai toute ma vie le regret de la perte que vous sçavez, aussi-bien que toutes les circonstances qui l'ont accompagnée. J'en ai le cœur percé de douleurs : je ne doute pas que vous ne soyez de même, & que vous ne partagiez aussi celle que me cause le Colonel qui étoit à Bayonne. (b)

Je suis ici pour décider par les conseils de Madame de V.... (c) le parti que l'on doit prendre, il est fort embarrassant par mille raisons que je ne puis vous expliquer.

Madame de V... me rend autant de justice, qu'elle m'en avoit peu rendu il y a deux ans. Elle m'a fait mille amitiés, & celle dont j'ai été le plus flattée, c'est la façon dont elle m'a parlé de vous. Nous eûmes hier ensemble une conversation d'une heure, où il ne fut question que de ce qui vous regarde : (d) Je lui dis que je vous aimois de tout mon cœur, & que je ne désirois d'autre bonheur que celui de passer ma vie avec vous. (e)

(a) La Marquise est environnée de peines. Et de quelles peines ? L'accident de son fils, l'esperance de sa Maison : cet accident plus cruel que la mort même est le sujet de sa douleur. Au milieu de tant de peines, la Marquise de Boudeville n'a rien de plus pressé que d'assurer sa fille qu'elle l'aime plus tendrement.

La disgrace du fils augmente l'affection pour la fille.

(b) Le Marquis de la Ferté.

(c) La Marquise de Boudeville va à Versailles pour y consulter Madame la Duchesse de Vantadour, sa plus proche parente, sur le parti qu'elle doit prendre dans une occasion aussi triste.

(d) Dans une occasion si triste en parlant du Marquis de la Ferté, on parle de la Dame de Bruix, Elle est l'objet d'une conversation d'une heure avec Madame la Duchesse de Vantadour, il paroît même que c'est Madame la Duchesse de Vantadour qui a parlé la premiere de la Dame de Bruix. Est-ce donc de la niece d'une femme de Chambre ? Est-ce d'une bâtarde, dont les pere & mere sont inconnus ?

(e) Que dit-on de la Dame de Bruix. La Marquise de Boudeville l'aime de tout son cœur, elle desire pour se consoler de passer sa vie avec elle.

Elle entra avec une tendresse infinie dans mes sentimens, (a) & convint que j'étois bien malheureuse.

Mais si elle sçavoit tout, elle me la trouveroit bien davantage ; mais il y a bien des choses qu'il faut sçavoir souffrir, sans rien dire. (b) M. de B. est toûjours incognito casmaté dans la maison depuis quatorze jours. Je n'ai aucune inquiétude de ses occupations. (c) Je retourne demain à Paris, où je trouverai sans doute mille embarras, & peut-être en sera t'il survenu de nouveaux.

Pourvû que j'y trouve de vos nouvelles, ma chere mignonne, qui m'apprennent que vous vous portez bien, ce me sera un plaisir bien sensible ; car je vous jure que le cœur ne me dit plus rien que pour vous. (d) Je me sens d'une indifférence pour tout le reste qui passe l'imagination. Adieu, ma chere & adorable Mimi, comptez plus sur mon amitié que sur vous-même.

On supprime le détail de la Procédure.

La Dame de Bruix a fait assigner la Marquise de Boudeville, le 13. Avril 1736. l'assignation contient quarante-deux faits : on n'a rien caché à la Marquise de Boudeville de tout ce qu'on a plaidé. Elle a eu trois mois pour concerter ses réponses sur l'Interrogatoire qu'elle a subi.

Le Marquis de Boudeville & la Dame son épouse ont pris les faits & l'assignation pour injure ; ils en demandent réparation, ils invitent M. le Procureur Général à sévir contre la Dame de Bruix.

La Marquise de Boudeville a fait paroître le Marquis de la Ferté ; son état d'imbécillité empêche de compter son suffrage ; on ne peut regarder son défenseur que comme un second Avocat du Marquis & de la Dame Marquise de Boudeville.

La Dame de Bruix est bien éloignée d'insulter au malheur de son frere ; elle est persuadée, que s'il jouissoit de toute sa raison, il seroit juste à son égard.

La 6. Juin 1736. la Marquise de Boudeville a subi Interrogatoire. Le Marquis de la Ferté n'a pas comparu ; il n'est pas en état d'être présenté. La Dame de Bruix n'a pas insisté par cette raison.

La Dame de Bruix a demandé le payement du billet de 100000. liv. & les intérêts, comme étant sa dot.

Après une plaidoirie solemnelle de onze Audiences, Sentence du Châtelet en faveur de la Dame de ruix.

La Dame de Bruix n'avoit pas pû encore se faire délivrer une Grosse de la Sentence ; que la Marquise de Boudeville a surpris un Arrest qui l'a reçûe Appellante. On ne sçauroit trop admirer la confiance de la Marquise de Boudeville dans un Mémoire qu'elle vient de faire paroître. *Tous les Ordres du Royaume, dit-elle, ont été frappés d'étonnement du Jugement ; la Cour elle - même s'est empressée d'en suspendre l'exécution par un Arrêt de défenses.* Qui ne croiroit que la Cour a été au - devant de la Marquise de Boudeville lui offrir un Arrêt de défenses sur le cri public ?

Cet Arrêt est le fruit *de la surprise* ; il a été obtenu malgré la constitution anticipée d'un Procureur de la part de la Dame de Bruix, malgré la sommation qu'elle avoit faite à la Marquise de Boudeville, de ne

---

(*a*) Que répond Madame la Duchesse de Vantadour, elle approuve ses sentimens. Ils étoient donc raisonnables, dignes de son suffrage. L'auroient-ils été, s'il s'étoit agi de la niéce de Tonton ?

(*b*) La Marquise de Boudeville n'ose pas faire connoître toute l'étenduë de ses malheurs. Son second mariage en est cause : elle doit se les imputer.

(*c*) Elle n'est pas occupeé de son mari. Elle ne trouve point en lui sa consolation dans l'affliction.

(*d*) Tout est indifferent pour la Marquise de Boudeville, sans excepter son mari.

préfenter aucune Requête fans la lui communiquer ; mais il étoit trop important d'empêcher une preuve qui alloit accabler la Marquife de Boudeville.

Ces faits expofés, on entre dans l'établiffement des moyens.

MOYENS.

L'état eft le premier & le plus précieux patrimoine de l'homme ; c'eft le droit de la naiffance, & la pofition dans laquelle on naît dans la focieté.

La fouftraction de l'état d'un citoyen eft un crime du premier ordre, que la loi ne doit pas laiffer impuni.

En même tems qu'il faut conferver l'état d'un citoyen, on doit prendre garde de ne pas ouvrir la porte à l'impofture.

Sacrifier un citoyen qui reclame fon Etat, autorifer des impofteurs qui voudroient s'introduire dans des familles, & dans de grandes maifons, voilà deux écueils qu'on doit également éviter.

Il faut donc fçavoir fe frayer une route fûre, qui en confervant l'Etat, puniffe les Impofteurs : cette route eft feule digne de la Juftice.

Il faut diftinguer deux fortes d'Extraits baptiftéres.

Les uns en donnant des pere & mere certains, ont été fuivis de reconnoiffance de leur part & de la poffeffion d'Etat.

Les autres Extraits baptiftéres ne donnent aucun état, & n'ont été fuivis d'aucune poffeffion ; ils ne préfentent qu'une énigme.

Ces derniers Extraits baptiftéres n'offrent que des pere & mere inconnus, non mariés, non exiftans. De pareils Extraits baptiftéres, ne préfentent qu'un myftére criminel ; & alors ou on peut approfondir ce myftére, & parvenir jufqu'à la vérité par une route fûre, ou on ne peut pas l'approfondir.

Si on peut éclaircir le myftére fans courir rifque d'autorifer l'impofture, il n'eft rien qu'on ne doive mettre en ufage pour rendre au citoyen fon état, qui a été ufurpé.

Mais par quelle voye, dira-t-on, approfondir fûrement l'état de cet enfant ?

Il faut premierement prouver l'impofture de l'Extrait baptiftére.

Il faut en fecond lieu connoître l'état qui a été déguifé lors de l'Extrait baptiftére. Il faut examiner qui eft-ce qui a rempli à l'égard de l'enfant les devoirs de pere & mere ; quelle eft la main fécourable qui a pourvû à fes befoins dès l'inftant qu'il a vû le jour.

Il faut examiner la qualité des foins qu'on a pris de l'enfant, & leur durée. Il faut prendre l'enfant depuis fa naiffance, le fuivre dans tous les âges, voir fi la même perfonne ne l'a jamais abandonné. L'enfant a-t'il été élevé dans la maifon de fes pere & mere, fous leurs yeux, par leurs foins, avec une telle diftinction qu'il ne lui ait manqué que le nom ? Qui eft-ce qui l'a établi par mariage ? Qui eft-ce qui l'a doté ?

Enfin ces foins ont-ils été tels qu'ils ne puiffent être attribués qu'à des pere & mere pour leur enfant ; qu'à ces fentimens que la nature

grave

grave dans les cœurs des pere & mere ? Il faut aller jufqu'au principe de ces fentimens, fuivre la nature pas à pas dans les démarches qu'elle a fait faire.

En vain, dit-on, que la preuve par témoins doit abfolument être re-jettée en matiere d'état ; qu'on ne doit connoître que l'Extrait bap-tiftére, dès qu'il y en a un ; que ce feroit ébranler la fûreté publique, & jetter le trouble dans les familles : maximes que l'Arrêt rendu en faveur de la Damoifelle Ferrand confirme, loin de les ébranler.

On va établir des principes au fujet de la preuve teftimoniale, qui font au-deffus de toute critique ; de ces principes dictés par la raifon & par l'impartialité; principes adoptés plus d'une fois par Meffieurs les Gens du Roi ; principes confacrés par tous les Arrêts de la Cour.

Admettre la preuve par témoins indiftinctement en matiere d'état, feroit un relâchement dangereux & condamnable.

La rejetter indiftinctement cette preuve, feroit d'un autre côté une injuftice criante, & on l'ofe dire, une inhumanité.

Il eft donc des cas dans lefquels la preuve par témoins eft néceffaire, quoiqu'en général on doive être infiniment réfervé à faire ufage de cette preuve : & les cas dans lefquels on doit avoir recours à cette preuve, font toûjours foûmis aux lumieres, & à la fageffe des Ma-giftrats.

Un affemblage de circonftances bien fuivies, des Actes finguliers qui fe lient avec les faits, une conduite qui ne fe dément point pour l'éducation & pour l'établiffement d'un enfant, un myftére prouvé, une vérité qui fe fait jour, la nature qui éclate, des preuves qui fortent de toutes parts, & dont la preuve par témoins doit devenir le lien qui les unira, & qui les raprochera les unes des autres, font des commen-cemens de preuve que la Juftice écoute, & à la faveur defquels elle admet la preuve teftimoniale.

On a beau vouloir étouffer la vérité, ce qu'on fait pour l'anéantir, ne fert fouvent, par un effet heureux, qu'à la conferver, & à la mani-fefter.

La preuve par témoins eft expreffément interdite par l'Ordonnance en matiere de conventions ; & cependant elle eft admife, quand il y a un commencement de preuve par écrit : à plus forte raifon la preuve par témoins doit-elle avoir lieu en matiére d'état, puifqu'elle n'eft prohibée, ni expreffément, ni tacitement.

Quand l'Ordonnance de 1667. dit que *les Regiftres publics feront preuve de l'âge, du mariage, & des décès* ; il faut bien péfer ces termes ; c'eft une forte de preuve que la loi admet, mais elle n'exclud pas toute autre preuve. C'eft une précaution fage que la loi prend pour rendre la preuve par témoins moins fréquente. Ce n'eft pas de fa part une prof-cription abfoluë & indéfinie de la preuve par témoins. L'Ordonnance prévoit au contraire le cas dans lequel les Regiftres publics feront muets : elle prévoit le cas dans lequel ils ne fourniroient point la preuve pour laquelle ils ont été établis, & dans ces cas elle veut que la preuve foit reçuë tant par titres que par témoins ; elle admet comme un com-mencement de preuve par écrit, l'écriture privée des pere & mere,

H

qui indique la naiſſance de leurs enfans. *Si les Regiſtres ſont perdus, ou s'il n'y en a jamais eu.* Mais ces mots excluënt-ils tellement tout autre cas deux cas, ainſi que le prétend la Marquiſe de Boudeville, que la preuve par témoins doive être rejettée, quand il y a des Regiſtres.

Ainſi, quand les Regiſtres ſeront falſifiés; quand on aura déguiſé la naiſſance d'un enfant par une fauſſe déclaration; quand les pere & mere exprimés dans l'Acte de baptême n'auront jamais exiſtés; quand on rapportera un Acte de baptême qui ne ſera point ſigné du pere, ni d'aucune perſonne digne de foi; quand l'Extrait baptiſtére n'aura été ſuivi d'aucune poſſeſſion d'état; quand on verra que lorſqu'il s'eſt agi d'établir un enfant, les prétendus pere & mere énoncés dans l'Extrait baptiſtére n'ont point paru; qu'ils n'ont été dits ni vivans ni morts, parce qu'ils n'ont jamais exiſté, & que par un Acte autentique, & par une foule de preuves il ſera bien prouvé que l'enfant n'a ni pere ni mere connus; que ſon Extrait baptiſtére falſifié ne lui en donne point de véritables; que les pere & mere ſe ſont cachés. Quoi! L'Ordonnance laiſſera un pareil crime impuni, on en ſera quitte pour dire, l'Ordonnance n'admet la preuve par témoins que *quand les Regiſtres ſont perdus, ou qu'il n'y en a jamais eu,* vous n'étes ni dans l'un ni dans l'autre de ces cas, & par conſéquent on ne doit pas vous écouter; comme ſi la preuve par témoins ne devoit pas être reçûë toutes les fois que les Regiſtres publics ne déterminent pas l'état de celui qui reclame? comme ſi ce n'étoit pas là l'eſpit du Légiſlateur? comme ſi enfin l'état pouvoit être fixé & déterminé par un autre Extrait baptiſtére que celui qui donne des pere & mere véritables, qui l'ont ſigné, ou qui l'ont avoué par la poſſeſſion d'état qui s'eſt joint à la déclaration & à l'énonciation de leur qualité de pere & mere; en ſorte que leur reconnoiſſance ſoûtient l'énonciation, & en prouve la vérité.

Quoi! on admettra à la preuve par témoins, quand l'Extrait baptiſtére ne contiendra point les noms des pere & mere, & on la banira, quand les noms qu'il contient ſont prouvés faux & ſuppoſés. A-t-on jamais propoſé rien de plus abſurde, rien de plus injuſte?

L'Ordonnance n'a-t-elle pas laiſſé tous les cas imprévus à la ſageſſe des Magiſtrats, même dans les cas de convention, où la preuve par témoins eſt interdite expreſſément?

Quand les Regiſtres ſont perdus; quand il n'y en a jamais eu, c'eſt un malheur qu'il faut réparer, & qui provient ſouvent de la négligence des Curés, & ce n'eſt pas un crime qu'il faille punir, comme quand des pere & mere ont ſouſtrait l'état de leurs enfans. Quoi! la loi ſera impuiſſante dans le cas du crime, elle qui veille dans le cas de négligence? Il ne s'agira donc que d'être coupable, pour n'être point puni? il ne s'agira que de déguiſer les noms des pere & mere, la choſe du monde la plus facile, & l'enfant ſera dépouillé ſans reſſource de l'état qui lui appartient?

Malheureuſes victimes, que vous êtes à plaindre! vous voyez le jour, ſans le connoître: vous ne ſçavez encore que jetter des cris; vous allez être ſacrifiées en naiſſant: jouet infortuné des paſſions, on vous confie à des domeſtiques, miniſtres de la cruauté de leur maître;

on dégüife les noms de vos véritables pere & mere ; le Curé qui vous adminiftre le Sacrement de Baptéme eft obligé de fe conformer à la déclaration fufpecte & infidele que des gens fans aveu viennent lui faire ; & quand le crime fera découvert, qu'on connoîtra votre état, qu'on en préfentera les preuves à la Juftice ; on vous oppofera comme le titre de votre état, celui qui vous le ravit fans que vous ayez pû réfifter, fans que perfonne ait pû prendre votre défenfe. Les enfans, dit-on, n'ont pas befoin qu'on les défende, ils n'ont point d'ennemis qui les attaquent ; cette faillie par laquelle la Marquife de Boudeville prétend échapper à un argument preffant eft démentie par l'expérience.

Oh ! mais, dit-on, il faut bien diftinguer en matiere de queftion d'état le point immediat de la filiation, d'avec l'identité de l'enfant, quand la filiation eft conftante : vaine fubtilité !

Quoi ! on prouvera l'identité de l'enfant par témoins, & on ne prouvera pas la groffeffe & l'accouchement ? L'identité de l'enfant eft cependant fufceptible de beaucoup plus de preuves par écrit. La continuité de tems, les changemens de l'enfant en avançant en âge, les penfions où on l'a mis, les états aufquels on l'a deftiné, & qu'on lui a fait embraffer, fourniffent bien plus d'occafions à la paternité d'éclater, que le fait unique de la groffeffe & de l'accouchement dont on ne paffe pas des Actes. Pourquoi donc feroit-il moins important d'admettre à prouver l'identité par témoins, que de lier l'identité bien prouvée, & tous les faits conftans, depuis la naiffance d'un enfant, qui remontent au fait immediat de fa filiation, & qui prouvent la maternité, à la groffeffe & à l'accouchement qu'ils font préfumer.

Tous ces faits conduifent l'un à l'autre ; ils s'uniffent parfaitement : les traitemens, l'éducation, le myftere de la naiffance & de l'Extrait baptiftére, la chaîne de tous les faits, l'amas de toutes les circonftances font préfumer, ou plûtôt prouvent évidemment la groffeffe & l'accouchement, & tous établiffent la filiation & la poffeffion d'état.

La Marquife de Boudeville a traité la Dame de Bruix en fille depuis l'inftant de fa naiffance ; la Marquife de Boudeville eft donc mere, elle eft donc accouchée ; voilà le lien précieux qui unit tous ces faits.

Eh ! qu'importe par où on arrive à la vérité ? Qu'on commence par le fait de la groffeffe, ou qu'on y parvienne en rétrogradant : le point unique eft de fçavoir fi l'on prouve.

En vain prétend-on que tout commencement de preuve par écrit doit confifter *dans un Regiftre domeftique des pere & mere décedés* : quelle abfurdité ! Combien d'autres commencemens de preuve par écrit beaucoup plus puiffans peuvent être adminiftrés à la Juftice. Peut-on mettre une note domeftique en paralelle avec tout un corps de conduite, avec le langage non équivoque de la nature, avec une éducation diftinguée, dans la maifon, fous les yeux des pere & mere, avec des libéralités continuées, avec le détour mis en ufage pour les faire ces libéralités, avec l'affectation de ne pas paroître lors du mariage d'un enfant qu'on méconnoît, mais fans l'abandonner, & à qui on fait un don de 100000. liv. avec un Extrait baptiftére myfterieux, avec un avis d'amis qui prouve la fuppofition de cet Extrait, & qui prouve encore la maternité de la Marquife de Boudeville, d'autant plus qu'elle a fait plus d'efforts pour en dérober la connoissance ? enfin avec tant de preuves réunies, qui concourent à établir le même fait, & qui dévoilent la vérité qu'on cherche à cacher ?

De ces principes il faut passer à leur application.

1°. La Dame de Bruix n'a point d'état ; son Extrait baptistére n'est qu'un mystere criminel ; des Actes solemnels prouvent que les Registres ont été falsifiés à son égard.

2°. Il faut examiner si ce mystere d'iniquité est impénétrable, ou s'il peut être approfondi.

En premier lieu, la Dame de Bruix n'a point d'état ; ce point est infiniment important : par là tombe l'état que l'on donne à la Dame de Bruix ; par là tombe la possession d'état qu'on lui oppose.

La Dame de Bruix n'est point fille de Guillaume de la Salle : la Dame de Bruix n'est pas niéce de Tonton : voilà les deux états qu'on voudroit substituer au véritable état.

Enfin, quel est donc l'état de la Dame de Bruix ; voilà ce qu'il faut examiner.

La Dame de Bruix n'est pas fille de Guillaume de la Salle & d'Antoinette Barriere.

1°. Guillaume de la Salle qui est dit pere, n'a pas signé l'Extrait baptistére : il est dit absent, & par conséquent cet Acte ne présente qu'une énonciation de paternité.

2°. Ceux qui ont fait rédiger l'Extrait baptistére étoient des domestiques de Desforges Accoucheur, ainsi gens peu propres à donner du poids à l'énonciation qu'ils ont fait des pere & mere. Naissance mystérieuse chez un Accoucheur.

3°. Le nom de la prétenduë mere n'est pas dans le corps de l'Acte ; il se trouve en marge, écrit après coup, & sans signature ni paraphe ; il a sans doute été ajoûté, lorsque s'agissant de marier la Dame de Bruix en 1723. on a été obligé de recourir à l'Extrait baptistére qui s'est trouvé imparfait.

4°. Guillaume de la Salle & Antoinette Barriere n'ont jamais pris aucun soin de l'enfant dont on les dit pere & mere.

5°. Il y a plus, ces prétendus pere & mere n'ont jamais existé : la preuve s'en trouve dans le Contrat de mariage de la Dame de Bruix, dans l'Acte de célébration de son mariage, & dans cet avis d'amis dont on a rendu compte, & qui est la piéce la plus victorieuse.

En effet, qu'on se rappelle cette piéce. Les personnages que la Marquise de Boudeville a fait paroître chez le Magistrat, son Intendant, Benoît son Chirurgien, Brunier son domestique, qui tous ont caché les qualités qui les attachoient à la Marquise de Boudeville ; qu'on se rappelle les fausses déclarations qu'ils ont fait devant le Magistrat, que les pere & mere de la Dame de Bruix étoient inconnus ; qu'ils n'avoient jamais entendu parler de Guillaume de la Salle & d'Antoinette Barriere, que la Dame de Bruix étoit un enfant anonime, sans parens : qu'on se rappelle enfin ces mensonges affectés, pour cacher l'éducation de la Dame de Bruix dans la maison de la Marquise de Boudeville : cet Acte n'est qu'un tissu de faussetés dont l'objet étoit de cacher le soin que la Marquise de Boudeville avoit pris de la Dame de Bruix. Dans le Contrat & dans l'Acte de célebration de mariage de la

Dame

Dame de Bruix. On ne voit point paroître Guillaume de la Salle &
Antoinette Barriere; ils ne sont dits ni vivans ni morts, parce qu'ils n'a-
voient jamais existé.

En vain dit-on que la Dame de Bruix ne doit pas se faire un moyen
de l'obscurité de ses pere & mere, qui a fait qu'ils ont été inconnus :
vaine défaite. Ce fait, que les pere & mere prétendus de la Dame de
Bruix sont inconnus, il faut le rapprocher de tous les autres faits de la
cause : il ne faut pas les diviser; leur réunion fait leur force, & opere
une démonstration complete.

Un pere absent dans l'Extrait baptistére, une mere dont le nom
est par renvoi, sans signature, & sans paraphe, les domestiques d'un
Accoucheur qui présentent un enfant sous le nom qu'on leur indique
des pere & mere qui ne paroissent point, qui ne prennent aucun soin
de l'enfant, un enfant sans parens. Il est sensible que les pere &
mere n'ont été inconnus, que parce qu'ils étoient supposés. Voilà donc
un mystere dans l'Extrait baptistére de la Dame de Bruix.

Les Regiftres cependant doivent assurer l'état, c'est leur objet; eh!
est-ce l'assurer, que de donner pour pere & mere des personnes qui n'ont
jamais existé? Est-ce satisfaire à la loi, ou plûtôt n'est-ce pas s'en joüer?
Tel est cependant l'Extrait baptistére, pour lequel on exige du
respect.

Que devient la possession d'état de fille de Guillaume de la Salle
& d'Antoinette Barriere, qu'on oppose à la Dame de Bruix, quand on
renverse le fondement de cette possession?

On ne lui a donné le nom de la Salle que lors de son baptême,
& lors de son mariage : il faut commencer par retrancher l'Extrait
baptistére : il n'est pas son ouvrage, on ne peut le lui opposer sans
injustice.

Depuis elle a porté le nom de Mimi ; & elle a été traitée en effet
comme la Demoiselle de la Ferté. Voilà sa possession d'état.

Lorsqu'il fut question de son mariage, la Marquise de Boudeville fit
mettre la Dame de Bruix à Belle-Chasse, sous le nom *de la Lande*, elle y
fut conduite par la Demoiselle de Saint-Martin, l'amie, la confidente
de la Marquise de Boudeville, qui a payé sa pension, à raison de 800.
liv. par an.

La Dame de Bruix a été mariée en 1723. sous le nom de la Salle,
porté par son Extrait baptistére, & par conséquent, sous un nom
qui est prouvé supposé.

Qu'on se représente la situation d'une fille de dix-sept ans, qui
attendoit tout d'une mere qui lui avoit ravi son état. La situation
d'une fille qu'au sortir de Belle-Chasse on conduit chez le Lieutenant
Civil, où les confidents & les domestiques de la Marquise de Boudeville paroissent pour déguiser la verité, pour couvrir de nuages
l'état de la Dame de Bruix, & pour se joüer de la Religion qu'ils
prophanent par un faux serment, & de la Justice qu'ils trompent par
de fausses déclarations. C'est à la vérité qu'il en faut revenir. Qu'on

cesse donc d'opposer le crime même qui est déferé à la justice, & tout ce qui en est le fruit.

Puisque la Dame de Bruix n'a point d'Extrait baptistére qui lui indique des pere & mere, il faut la regarder comme si elle avoit été baptisée anonymément; & alors il est indubitable qu'elle seroit en état de cher-cher hors des Registres les pere & mere que les Registres ne lui don-neroient point.

Que l'on sente bien tout le poids de l'avis d'amis 1723; il efface de l'extrait baptistére de la Dame de Bruix, les noms de Guillaume de la Salle, & d'Antoinette Barriere. Voilà ce que l'on s'étoit d'abord proposé d'établir. On prouvera dans la suite qu'on doit mettre à la place de ces noms supposés, ceux du Marquis & de la Marquise de la Ferté, Eh! qu'on cesse donc de dire que l'obscurité de la naissance de la Dame de Bruix n'est pas un titre pour se prétendre fille de la Marquise de Boudeville, que plus on sera d'une naissance obscure, plus on pourra usurper un état éclatant; *qu'on changera d'état comme on change de mode.* Il s'agit de sçavoir si la Dame de Bruix n'a pas d'état suivant son Extrait baptistére, si elle prouve que c'est la Marquise de Boudeville qui a soustrait son état, si elle prouve que les noms du Marquis & de la Marquise de la Ferté doivent être substitués aux noms supposés de Guillaume de la Salle & d'Antoinette Barrierre.

On ne répondra point à cette plaisanterie, *que l'on changeroit d'état comme de mode.* La cause est trop serieuse & trop importante; d'ailleurs il ne s'agit point ici de changer d'état: il s'agit pour la Dame de Bruix de conserver celui que la loi lui a donné, & que le crime lui a ravi.

Depuis l'instant de la naissance de la Dame de Bruix, quel trai-tement de la part de la Marquise de Boudeville! Quel enchaîne-ment de faits! Quelles preuves de toute espéce, preuves variées! preuves toûjours d'accord pour établir la maternité de la Marquise de Boudeville!

Tout annonce, tout prouve que cet enfant dont la naissance est mystérieuse, est l'enfant de la Marquise de Boudeville, qui s'est ca-chée sous des noms supposés. C'est un mystere qu'il est facile d'ap-profondir, malgré tous les efforts quel'on a fait pour le rendre impé-nétrable.

Mais après avoir fait voir que la Dame de Bruix n'est pas fille de Guil-laume de la Salle & d'Antoinerte Barriere, il faut prouver qu'elle n'est pas plus niéce de Tonton.

C'est ici une fable si décriée, qu'elle ne mérite pas d'être combat-tuë sérieusement. Aussi la Marquise de Boudeville n'ose-t'elle plus don-ner affirmativement cette qualité à la Dame de Bruix.

La Dame de Bruix a, dit-on, été introduite dans la maison de la Marquise de Boudeville, en qualité de niéce de Tonton. Une personne de sa naissance ne daigne pas approfondir l'état des per-sonnes de cette espéce.

L'éducation distinguée que la Marquise de Boudeville a donnée à la Dame de Bruix ; les démarches qu'elle a faites pour la marier ; les foins qu'elle a pris pour fe cacher ; fes lettres ; fes liberalités ; le myf-ftere répandu dans toute cette affaire ; le myftere prouvé par écrit ; tout cela peut il fe concilier avec l'état de niéce de Tonton que l'on voudroit donner à la Dame de Bruix ?

Il y a plus : il eft impoffible d'apliquer les noms de l'Extrait bap-tiftére de la Dame de Bruix à un frere ou à une fœur de Tonton, qui tous étoient connus de la Marquife de Boudeville, puifqu'ils étoient à fon fervice, ainfi qu'elle le déclare dans fon interroga-toire.

Si la Dame de Bruix avoit été niéce de Tonton, fon Extrait bap-tiftére lui affureroit un rang dans cette famille, parfaitement con-nuë de la Marquife de Boudeville : auffi les Extraits baptiftéres des deux véritables niéces de Tonton leur donnent-ils cet état.

La qualité de niéce de Tonton n'eft donc qu'une qualité chimé-rique, imaginée pour déguifer le véritable état de la Dame de Bruix.

La Marquife de Boudeville dit qu'elle avoit eu beaucoup de bon-tés pour Tonton, une de fes femmes ; & pour toute la famille de Tonton, qui lui étoit attachée, & qui avoit auffi éprouvé fes bontés. Elle ajoûte, que le pere, la mere, les frere, & fœur de Tonton de-meuroient dans fa maifon. Comment donc ne peut-on pas prouver la qualité de niéce de Tonton, quand toute fa famille eft fi connuë.

Enfin lors du mariage de la Dame de Bruix en 1723. elle n'eft plus niéce de Tonton. Brunier, beau-frere de Tonton, qui auroit été fon oncle, ne paroît que comme ami : il ne connoît point, dit-il, les pere & mere de la Dame de Bruix, & il a grand foin cependant de cacher qu'elle a été élevée dans la maifon de la Marquife de Bou-deville : fait qui étoit de fa connoiffance.

Mais qu'a fait la Marquife de Boudeville pour cet enfant qu'elle a reçu dans fa maifon dès l'âge de fix ans, elle l'a gardé jufqu'au moment où elle l'a établi, elle l'a dotté, & plus elle a cherché à fe cacher, plus elle s'eft trahie elle-même. Enfin elle a eu pour cet enfant les fentimens que la nature feule place dans le cœur d'une mere. Quoi ! elle ne con-noiffoit point un enfant pour qui elle a fait des chofes fi extraordinai-res ; quelle illufion ! Quoi un enfant inconnu a reçu une éducation diftinguée, a eu toutes fortes de Maîtres ! Et qu'on ne dife pas que c'étoit Tonton qui payoit ces Maîtres : cette réponfe a révolté toutes les perfonnes fenfées ; & il eft même prouvé que cet enfant étoit étran-ger à Tonton.

Enfin fi on raffemble tous les endroits des lettres où la Marquife de Boudeville parle de Tonton à la Dame de Bruix, on y voit qu'elle n'é-crit pas à la Dame de Bruix au fujet de Tonton, comme on écriroit à une niéce au fujet d'une tante. Elle parle de Tonton, comme d'une domeftique, comme d'une confidente commune.

Enfin la Marquife de Boudeville s'entretient de la Dame de Bruix avec les perfonnes du plus haut rang, & qui reffentent fon abfence :

preuve qu'elle étoit de leur compagnie quand elle demeuroit à Paris : preuve qu'elle accompagnoit la Marquise de Boudeville par tout : certainement elle ne leur avoit pas été présentée comme la niéce de Tonton.

La Marquise de Boudeville dit qu'elle a fait du bien à Tonton & à toute sa famille, & elle en tire la conséquence que c'est par le même principe qu'elle a agi, quand elle a gratifié la Dame de Bruix.

L'objection est absurde dans toutes ses parties. Jamais la Marquise de Boudeville n'a fait aucune donation à Tonton ; & elle avoit même mis Tonton hors de sa maison, lorsqu'elle a versé ses liberalités sur la Dame de Bruix. C'est ce qui résulte d'une lettre dont il faut rendre compte.

Ce 18. Juillet 1729.

A propos de cela, je vous dirai que j'ai reçu la pauvre Tonton ; elle vint il y a quelque tems à Paris ; elle me fit demander la permission de venir se jetter à mes pieds, je la lui accordai sans peine. Tonton m'a fait cent questions sur vous ; elle vous aime à la folie ; vous la comblerez de joye de lui écrire un petit mot, sur la grace que je lui ai faite.

Tonton qui a obtenu grace de la Marquise de Boudeville, en recevra une nouvelle, si la Dame de Bruix lui écrit un mot, au sujet de cette grace, Tonton sera comblée de joye. Qui ne sent la superiorité de la part de celle que l'on invite à écrire. La mere a fait grace à une ancienne domestique ; la fille y applaudit par un mot à cette domestique, dont le soin, en rentrant en grace, a été de s'informer d'elle : Attention de Tonton, qui sçavoit que c'étoit faire sa cour à la Marquise de Boudeville, que de lui parler de sa fille.

Enfin, quelle proportion entre la conduite de la Marquise de Boudeville, & la famille de Tonton ?

Brunier est le seul domestique à qui la Marquise de Boudeville a fait une petite pension. Mais qui est-ce qui ignore que le Marquis de Boudeville avoit promis cette pension lors de son mariage ? le mari & la femme l'ont faite conjointement.

La Dame de Bruix n'est donc ni fille de Guillaume de la Salle, ni niéce de Tonton. Il reste d'examiner & de prouver qui elle est véritablement.

Ici il faut rétracer en peu de mots les principes en matiere d'état.

La soustraction d'état est un crime du premier ordre, qui ne doit pas rester impuni, lorsqu'on peut l'approfondir ; il y auroit de l'indiscrétion & du danger à admettre indistinctement la preuve par témoins. il y auroit de l'injustice & de l'inhumanité à la rejetter aussi indistinctement.

Le lien qui unit ces deux principes, qui en détermine l'usage, c'est un mystere, c'est un amas de circonstances, de certains commencemens de preuves par écrit, dont il sort une lumiere qu'on ne peut méconnoître, il faut suivre la trace des faits, les rapprocher,

en

La Dame de Bruix est fille du Marquis & de la Marquise de la Ferté.

en former une espece de chaîne ; & c'est de leur union, c'est de leur concours, que naît ce genre de preuve, qui convainc, qui ne laisse aucun doute, qui forme ce qu'on appelle une démonstration.

La Dame de Bruix a en sa faveur cinq commencemens de preuves par écrit.

Le premier, c'est le mystere de l'Extrait baptistére, la supposition des noms des pere & mere, prouvée par écrit, qu'on pourroit, à plus juste titre, appeller preuves complettes.

Le second, c'est l'éducation donnée à la Dame de Bruix, le soin que la Marquise de Boudeville en a pris dans tous les tems, le mariage de la Dame de Bruix, & tous les actes pour y parvenir ; les liberalités continuées de la Marquise de Boudeville ; la dot de 100000. livres, la donation de 1000. livres de pension viagere pour son entretien.

Le troisiéme, c'est l'interrogatoire de la Marquise de Boudeville.

Le quatriéme, ses lettres.

Enfin le cinquiéme, le fait de Virgine ; & dans tous ces commencemens de preuves par écrit, on reconnoît la relation nécessaire de tous les faits à la Marquise de Boudeville, qui forme la preuve la plus convaincante.

C'est un commencement de preuve par écrit de suppression d'état qu'un mystére, & la rélation de ce mystére à une personne qui a rempli tous les devoirs de la mere la plus tendre, qui en a toûjours eu les sentimens & la conduite, & qui ne s'est démentie que lorsqu'elle a été dans les liens d'un nouveau mariage. Telle est la premiere preuve que la Dame de Bruix présente à la Justice.

Les Registres sont muets à son égard, ou plûtôt s'ils parlent, ce n'est que pour lui ravir son état, & pour imposer au Public & à la Justice.

Mais heureusement la vérité s'est fait jour. Lors du mariage de la Dame de Bruix, il a fallu un Tuteur à une mineure ; il a fallu exposer son état au Magistrat ; il a fallu la faire connoître : les peres & mere qu'on lui avoit donné par son Extrait baptistére, ont disparu ; on a été obligé d'avoüer qu'ils étoient supposés, que ces prétendus pere & mere n'avoient jamais existé. La Dame de Bruix a été présentée comme une fille sans pere ni mere. Sa naissance est donc un mystére ; son Extrait baptistére ne lui donne donc point d'état. Qu'on se rappelle toutes les circonstances dont on a rendu compte, & que l'on ne répete point.

Mais depuis l'instant de la naissance de la Dame de Bruix, la Marquise de Boudeville ne l'a pas perduë de vûë un seul instant. Voilà la rélation du mystére à la Marquise de Boudeville.

Dès l'âge de six ans, la Dame de Bruix est entrée dans la maison de la Marquise de Boudeville ; elle y a reçu de ses pere & mere l'éducation la plus distinguée.

S'agit-il de marier la Dame de Bruix, c'est la Marquise de Boudeville qui projette, qui arrête le mariage, & qui écrit à ce sujet. C'est elle qui fait toute la dépense nécessaire. C'est elle qui soûtient le mé-

K

Premier commencement de preuves par écrit.

Mystére de l'Extrait baptistére, supposition des noms des peres & mere prouvée par écrit.

Second commencement de preuves par écrit.

Education donnée à la Dame de Bruix, soin distingué que la Marquise de Boudeville en a pris dans tous les tems. Mariage de la Dame de Bruix. Liberalités geminées. Dot de 100000. livres.

nage des nouveaux Epoux; elle donne une dot de 100000. livres; elle fait une donation de 1000. livres de rente viagere, pour l'entretien de fa fille. Enfin le myftére qui accompagne toutes les démarches de la Marquife de Boudeville, eft la preuve la plus formidable contre elle.

Myftére dans les lettres qu'elle a fait écrire par la Demoifelle de Saint Jean, fa meilleure amie, qui figne, *la Marquife de la Ferté*, & qui fe fert de fon cachet.

Myftére dans la conduite de la Marquife de Boudeville, qui fait mener cet enfant à Belle-Chaffe, pour lui former un domicile different du fien, qui la fait conduire à ce Couvent par la Demoifelle de Saint Martin, fon amie & fa confidente.

Myftére dans la conduite de la Marquife de Boudeville. Lors du mariage de la Dame de B   , elle n'honore point de fa préfence le mariage d'une fille qu'elle avoit élevée publiquement, & avec tant de foin, elle ne foufcrit ni au Contrat, ni à l'Acte de célebration de mariage.

La donation de 1000. liv. de rente viagere, eft détachée du Contrat de mariage, eft faite poftérieurement. La libéralité de 100000. livres, comme trop confidérable, & capable de dévoiler le myftére, eft faite avec précaution; la Marquife de Boudeville ufe de détour, elle fait un billet fous un nom interpofé.

Quoi! La Marquife de Boudeville donne 100000. liv. fans vouloir paroître donner: au contraire elle eft débitrice en apparence, quand elle eft donatrice en effet.

L'avis d'amis fait pour parvenir à ce mariage, l'ouvrage de la Marquife de Boudeville & de fes confidens, met le fceau à la preuve, & détruit fans reffource l'Extrait baptiftére fuppofé. Il établit en même tems la relation avec la Marquife de Boudeville. Plus elle a fait d'efforts pour fe cacher dans cet Acte, plus elle a fourni d'armes contre elle-même, plus la vérité s'eft manifeftée.

Troifiéme commencement de preuves par écrit.
Interrogatoire de la Marquife de Boudeville.

L'Interrogatoire de la Marquife de Boudeville offre un nouveau commencement de preuve par écrit.

On n'entreprendra pas de rendre compte de cet Interrogatoire en entier; il eft fous les yeux de la Cour; qu'il fuffife de préfenter quelques réfléxions.

Premierement, on n'a point cherché à tendre un piége à la Marquife de Boudeville, en lui cachant les faits fur lefquels elle devoit être interrogée; artifice, piége indigne d'une caufe où la vérité paroît avec autant d'avantage, que dans celle qui eft à décider. L'Exploit d'affignation donnée à la Marquife de Boudeville, contient tous les faits fur lefquels on pouvoit l'interroger.

La Marquife de Boudeville a eu plufieurs mois pour concerter fes réponfes à tous ces faits, & elle les a bien employés. Cependant la vérité s'eft fait jour malgré la réfolution la plus ferme de tout nier, dont il paroît qu'elle s'étoit armée.

Secondement, quand on réunit cet Interrogatoire avec les faits qui font prouvés; qu'on les raproche les uns des autres, il en réfulte une preuve, à l'évidence de laquelle il n'eft pas poffible de fe refufer.

Cet Interrogatoire peut être divifé en quatre parties.

Dans la première, on voit des dénégations néceſſaires dans le ſyſ-tême de la Marquiſe de Boudeville.

Dans la ſeconde, on trouve des aveus précieux.

La troiſiéme préſente des impoſtures, ſur leſquelles il eſt fâcheux pour la Marquiſe de Boudeville de ſe voir confonduë.

La quatriéme eſt compoſée d'équivoques, ou de refus de répondre ſur des faits eſſentiels.

1°. Quand on a interrogé la Marquiſe de Boudeville ſur tous les faits de la naiſſance de la Dame de Bruix, on s'eſt bien attendu à une dé-négation de ſa part ; mais cette dénégation eſt combattuë par toutes les preuves que la Cour a ſous les yeux.

2°. Les aveus importans que la Marquiſe de Boudeville n'a pas pû ne pas faire, c'eſt le ſoin qu'elle a pris de la Dame de Bruix ; cette éducation diſtinguée, ces Maîtres de toute eſpéce, ces bienfaits con-tinués, cette donation, ce billet de 100000. livres. - -

En vain cherche-t'on à affoiblir les ſoins pris de la Dame de Bruix, en niant qu'ils ayent été auſſi diſtingués qu'ils l'ont été en effet, & tels qu'on les auroit pris pour la Damoiſelle de la Ferté : ces faits ſont de notorieté publique. La Marquiſe de Boudeville convient de l'édu-cation, des traitemens dans la maiſon. Elle eſt forcée d'avoüer, que la Dame de Bruix a eu des Maîtres de toute eſpéce ; les témoins acheve-ront de la confondre ſur la qualité des traitemens.

3°. A l'égard des impoſtures dont la Marquiſe de Boudeville s'eſt renduë coupable, c'eſt à regret que je me vois forcé de les re-lever.

Si on demande à la Marquiſe de Boudeville, pourquoi la Dame de Bruix & ſon mari ont été exclus de ſa maiſon depuis ſon mariage avec le Marquis de Boudeville ; pourquoi elle eſt obligée de ſe cacher du Marquis de Boudeville pour voir ſa fille, & même pour lui écrire, elle ne craint pas de répondre, *que la Dame de Bruix & ſon mari alloient indifféremment chez elle, ſoit que le Marquis de Boudeville y fût ou non* : & le contraire eſt prouvé par ſes Lettres dont on a rendu compte. Pourquoi nier ce fait, ſi la Marquiſe de Boudeville n'en avoit ſenti l'importance ? Pourquoi avoir recours à l'impoſture, ſi la vérité étoit indifférente ? Après cela quelle foi peut-on ajoûter aux réponſes de la Marquiſe de Boude-ville ?

Le voyage des eaux de Bannieres entrepris par une mere tendre, pour voir une fille chérie, dont elle étoit ſéparée, paroît trop impor-tant à la Marquiſe de Boudeville, pour qu'elle l'avoüe. Incommodité, dépenſe du voyage, difficulté dans l'entrepriſe, prétextes pour y par-venir ; la Marquiſe de Boudeville ne connoît point d'obſtacles : elle ſera dédommagée, dès qu'elle verra ſa fille. Eſt-ce donc pour la niéce de Tonton que la nature parle ainſi ?

Auſſi la Marquiſe de Boudeville ne craint-elle pas de nier le motif de ſon voyage dans ſon Interrogatoire ; elle en ſent toute la conſéquen-ce ; mais par-là elle tombe en contradiction avec ſes lettres. Quel triomphe pour la vérité ?

Interroge-t'on la Marquiſe de Boudeville ſur l'affaire de Virgine ?

Elle en a , dit-elle , oublié les circonſtances. Eh , quelles circonſtances ! Qu'on ſe rappelle ici les allarmes de la Marquiſe de Boudeville : Virgine alloit éclater , & faire par cet éclat tout le malheur de ſa vie. La Marquiſe de Boudeville n'avoit pas vêcû tranquille depuis cet inſtant : un Ami ſécourable termine heureuſement une affaire auſſi délicate. Virgine ingrate & déteſtée , eſt comblée de biens par la Marquiſe de Boudeville ; & ce qu'il y a de plus admirable , c'eſt la Marquiſe de Boudeville qui triomphe , & ſuivant ſes lettres , c'eſt Virgine qui eſt ſubjuguée ?

Quoi , ces circonſtances ſi remarquables , exprimées ſi vivement dans les lettres de la Marquiſe de Boudeville ; ces circonſtances qui avoient fait une ſi forte impreſſion ſur elle , ſont effacées au point qu'elle les a oubliées. Qui le croira , ou plûtôt qui ne voit que cet oubli affecté eſt une impoſture réfléchie & déterminée.

Enfin préſente-t'on à la Marquiſe de Boudeville ces Lettres remplies d'expreſſions , qui ne ſont énigmatiques que pour ceux qui veulent fermer les yeux à la vérité : Elle s'embarraſſe , ſon eſprit l'abandonne , c'eſt beaucoup que ſon cœur ne la trahiſſe pas.

Soyez donc bien perſuadée , dit la Marquiſe de Boudeville dans une de ces Lettres , *que tout ce que je fais ne tend qu'à l'idée que j'ai d'amener les choſes avec la perſonne que vous ſçavez , au point de lui faire trouver bon que je vous avouë autentiquement pour la meilleure de mes amies.*

Quelle réſiſtance de la part du ſecond mari ? Qu'il eſt difficile de lui faire trouver bon que la Marquiſe de Boudeville avouë la Dame de Brüix autentiquement.

Mais s'il ne s'agiſſoit que d'avoüer la Dame de Bruix pour amie , falloit-il tant d'efforts pour obtenir cette permiſſion ?

On repréſente cette lettre à la Marquiſe de Boudeville lors de ſon interrogatoire : elle ſe trouble , ſon embarras paroît dans ſes réponſes.

Si on l'interpelle d'office de déclarer de qui elle parle dans ſa lettre , à qui elle veut faire trouver bon qu'elle avoue autentiquement la Dame de Bruix pour la meilleure de ſes amies : *Ce ſont* , dit-elle , *des ſecrets de femme à femme , d'amie à amie , de confidente à confidente.*

On la preſſe ſur ce ſecret : on n'en tire rien autre choſe , ſinon *qu'elle a répondu.*

Si on inſiſte , en lui demandant ſi l'aveu autentique qu'elle promet de faire n'eſt pas la preuve d'aveux faits par elle dans le particulier ; *elle dénie* , dit-elle , *tous les aveux que la Dame de Bruix prétend qu'elle a fait dans le particulier.*

Le Commiſſaire qui l'interroge n'eſt point ſatisfait avec raiſon ; il revient à la charge ; il demande d'office pourquoi , ſi la Dame de Bruix lui étoit étrangere , elle dit qu'elle feroit tout ce qu'elle pourroit pour faire trouver bon à une perſonne , qu'elle l'avoüe autentiquement pour la meilleure de ſes amies : *Ce ſont* , dit la Marquiſe de Boudeville , *des raiſons qu'elle ne veut pas dire par diſcretion , & par rapport à la confiance que la Dame de Bruix a eu en elle.*

Mais à qui donc vouliez-vous faire trouver bon l'aveu porté dans votre lettre , dit le Commiſſaire ? *Je ne le veux pas dire* , répond la Marquiſe de Boudeville.

Mais

Mais n'eſt-il pas permis de ſe faire des amies , continuë le Commiſſaire ? votre amitié pour une perſonne de votre ſexe ne paroît pas
devoir faire un myſtere , il ne paroît pas qu'il fallût tant d'efforts
pour amener les choſes au point de faire conſentir un mari à ce que
vous fiſſiez l'aveu autentique d'une amie. *J'ai répondu* , dit la Marquiſe
de Boudeville.

Mais n'eſt-ce pas du Marquis de Boudeville dont vous avez entendu parler ? c'eſt la derniere interrogation du Commiſſaire ſur ce
point. La Marquiſe de Boudeville ne craint pas de dire que non: &
le contraire ſe trouve prouvé par ſes lettres , & eſt avoué par ſes défenſeurs.

Ainſi l'interrogatoire de la Marquiſe de Boudeville renferme des
dénégations confonduës , des aveux déciſifs, des impoſtures groſſie-
res , des équivoques & des refus de répondre qui manifeſtent de plus
en plus la vérité qu'elle s'efforce de cacher.

A l'égard des lettres de la Marquiſe de Boudeville , il ne s'agit
point ici d'une lettre unique & myſterieuſe , il s'agit d'une multitude
de lettres.

Quatriéme commence-ment de preu-ves par écrit.

Dans toutes ces lettres on voit un myſtere ſur le compte de la
Dame de Bruix.

11. Août 1728.

*La tendreſſe infinie que je reſſens pour vous, me répond de la vôtre : ainſi, ma
chere Mignone , je me conſole de toutes les ingratitudes que j'ai éprouvées, en ſongeant que vous êtes digne de mon amitié. Plus vous me témoignez ne déſirer que
cela , (a) & plus je ſouhaite vous en donner des preuves effectives.*

11. Octobre

*Je m'apperçois que je m'érige en Prédicateur, moi qui ai plus beſoin qu'un au-
tre d'être fortifiée dans les bonnes réſolutions où la miſericorde du Seigneur me met :
regardez ce que je vous dis comme un épanchement de cœur que je n'ai pû retenir,
qui ne vient que de l'extrême tendreſſe que j'ai pour vous : prenez toutes vos peines
en patience : plus je penſe comme je fais , & plus vous devez compter qu'elles ſeront
adoucies. (b)*

On voit auſſi dans ces lettres une vérité qu'on retient captive ſur
la naiſſance de la Dame de Bruix, une tendreſſe qui éclatte en ſa faveur, un obſtacle à ce qu'on l'avoüe autentiquement , qui ne vient
que d'un ſecond mari, des proteſtations qu'on n'épargnera rien pour
le vaincre cet obſtacle, qu'on ne ſera content que quand on y aura
réuſſi. Avoüer cette fille autentiquement , vouloir finir ſes jours avec
elle, en demander à Dieu la prolongation , s'inquiéter de ſa fortune, s'en entretenir ſouvent : voilà tout le déſir, toute l'occupa-
tion d'une mere tendre ; cette fille eſt-elle auprès de la Marquiſe de
Boudeville ? elle eſt comblée de bienfaits ; Eſt-elle abſente ? cette abſence devient un ſupplice pour cette mere : de-là ce regret de l'avoir
laiſſé partir pour Bayonne : de-là ces voyages fréquens qu'elle fait

(a) La Da-me de Bruix peut donc exi-ger plus que l'a-mitié de la Marquiſe de Boudeville. Et quoi ! La recon-noiſſance de ſon état.

(b) La Mar-quiſe de Boude-ville ſe dit con-ſacrée à Dieu : elle a ouvert les yeux : plus elle revient du monde, plus la Dame de Bruix a des droits ſur elle. Ils ſont donc formés par la pieté ces droits

42

faire à la Dame de Bruix à Paris ; de là le voyage des Eaux de Bannieres que la Marquise de Boudeville entreprend. Par tout la nature parle, & son langage n'est équivoque que pour ceux qui ne veulent pas l'entendre. La Marquise de Boudeville s'entretient de sa fille avec tous ses amis ; elle pense avec eux tout haut sur son compte ; elle s'entretient de sa fille avec Madame la Duchesse de Vantadour pendant une heure , & dans quelles circonstances ? elle s'en entretient avec tout le monde , avec la Dame d'une Terre chez qui elle est , avec des Dames de Bayonne qu'elle trouve aux Eaux de Bannieres. La Marquise de Boudeville s'ennuye par tout où elle ne peut pas parler de sa fille ; elle ne chérit que la compagnie de ceux avec qui elle peut parler d'elle sans contrainte , parler & penser tout haut sur le compte de la Dame de Bruix.

On trouve dans les lettres de la Marquise de Boudeville ces émotions , ces sentimens que la nature n'inspire qu'à une mere.

5. Octobre 1730.

Je ne lis point vos lettres , sans être émuë de tous les sentimens les plus tendres , qui ne cessent d'occuper mon cœur. (a)*Si votre fils avoit l'esprit de vous rendre tout ce que je lui dis chaque jour de vous , ses lettres pourroient suppléer aux miennes : car assurément , ma chere Mimi , il me voit des mouvemens bien vrais , & que l'absence ne ralentit point , quand je suis en liberté de parler de vous.*

Enfin ce mystére , cette contrainte qui provient du second mari , cet aveu autentique que la Marquise de Boudeville promet de faire , qu'il ne tient pas à elle qu'elle ne fasse , pour lequel elle sacrifiera tout , ces divisions domestiques à ce sujet , ce traité de paix singulier de voir le frere du Marquis de Boudeville que la Marquise de Boudeville ne peut souffrir , à condition que le Marquis de Boudeville laissera vivre sa femme avec la Dame de Bruix dans les circonstances qu'elle veut , termes bien remarquables , cette amitié de la Marquise de Boudeville , qui augmente lors de la disgrace du Marquis de la Ferté , la consolation qu'elle trouve à s'entretenir de sa fille dans ces instans avec Madame la Duchesse de Vantadour , ce désir de se réunir avec la Dame de Bruix , de passer ses jours avec elle , désir approuvé par Madame la Duchesse de Vantadour , forment une preuve complette. Quel commencement de preuve par écrit plus puissant que cette suite de faits ! & de sentimens prouvés par écrit.

Enfin le fait de Virgine est un dernier commencement de preuve par écrit bien décisif.

Ici ce n'est point l'amitié qui fait agir la Marquise de Boudeville ; elle hait Virgine ; elle ne l'a jamais pû souffrir , son caractere lui déplaît ; elle croit entrevoir en elle de mauvaises qualités. *Entre nous , elle est sotte & dissimulée ; elle n'a jamais aimé que la canaille.* Cependant Virgine est élevée dans la maison de la Marquise de Boudeville , sous ses yeux ; elle ne la laisse manquer de rien ; si elle l'écarte de sa maison , lors de son second mariage , elle pourvoit à sa subsistance dans les

Couvens dans lefquels elle la place. Virgine fe plaint ; la Marquife de Boudeville prétend qu'elle lui a manqué, qu'elle s'eft renduë coupable à fon égard ; mais elle reçoit fon repentir ; elle continuë d'avoir pour elle les mêmes bontés.

La Marquife de Boudeville défire que Virgine fe faffe Religieufe ; Virgine femble prendre ce parti. Quels égards n'a-t'on pas pour elle dans le Couvent ? Avec quelle profufion ne pouvoit-t'on pas à fes befoins ?

Virgine ne veut plus être Religieufe. La Marquife de Boudeville veut l'engager à venir demeurer avec la Dame de Bruix en payant une bonne penfion. La Marquife de Boudeville piquée contre Virgine, croit pouvoir interrompre le cours de fes bontés. Virgine fe plaint hautement. Qu'on fe repréfente ici le crime de Virgine, la fituation de la Marquife de Boudeville, & ce qu'elle a fait cependant pour Virgine. Quelle preuve plus complette de maternité !

Virgine a porté à l'extrême, dit la Marquife de Boudeville dans fes Lettres, *l'infolence*, *la témérité*, & *l'impofture* ; Eh, dites donc quel étoit le crime de Virgine ! Quelle peine étoit dûe à la niéce de Tonton ? Le mépris & l'abandon. Mais quelles allarmes de la part de la Marquife de Boudeville ? Sa fituation eft telle, qu'elle n'a pas un inftant de tranquillité. *Vous fentez toute l'horreur de ma fituation.* Quelle étoit donc cette fituation ? Les motifs n'en pouvoient pas être confiés au papier. *Vous en fçaurez quelques jours les circonftances, & vous jugez bien qu'il eft impoffible de vous les mander. J'avois bien recommandé à votre fils (Benoît) de vous faire entendre à demi mot l'horreur de ma fituation.* Faut-il faire beaucoup d'efforts pour connoître que Virgine vouloit en venir à un éclat ; & fe faire reconnoître.

Le dénouëment ne permet pas d'en douter. On voit une donation à Virgine de 1800. liv. de rente ; eft-ce ainfi que l'on punit *l'infolence,* *la témérité*, & *l'impofture* de la niéce d'une femme de Chambre, qu'on n'a jamais pû fouffrir.

A ces traits, qu'on reconnoiffe plûtôt les devoirs d'une mere, les allarmes fur le procés que Virgine pouvoit lui faire ; & dont elle ménaçoit : voilà la caufe de l'horreur de la fituation de la Marquife de Boudeville. Voilà pourquoi elle n'a pas vêcû un inftant tranquille ; la donation tient lieu d'alimens à cette fille infortunée, qui a tranfigé fur fon état.

Et en effet, qui eft-ce qui a remporté une victoire dans cette occafion ? Suivant les lettres de la Marquife de Boudeville, ce n'eft pas Virgine, c'eft elle au contraire qui paroît vaincuë ; c'eft la Marquife de Boudeville qui triomphe, elle s'en applaudit dans fes Lettres : elle doit cette victoire à un Ami fidel & zélé ; qui l'a tirée d'un pas fi dangereux ; c'eft le chef-d'œuvre du bon efprit, & de la probité de cet Ami.

Ce que la Marquife de Boudeville a fait pour Virgine par devoir, fait connoître le principe qui l'a conduit à l'égard de la Dame de Bruix. La pieté, le devoir, l'inclination, la tendreffe, l'amitié, l'amour, tout a parlé en faveur de la Dame de Bruix.

Après des preuves fi complettes, peut-on encore douter de l'état de la Dame de Bruix ; peut-on héfiter d'admettre la preuve par témoins ?

A la bonne heure que l'on foit infiniment réfervé fur les queftions d'état qui fe préfentent ; qu'on exige la conviction la plus complette, qu'on réuniffe tous les genres de preuves qui peuvent concourir, afin de mieux s'affurer d'une vérité auffi importante, de ne rien donner au hazard, de fe mettre fûrement à couvert de l'impofture. On doit refpecter le préjugé qui va à rendre difficile, à exiger le concours de toutes les preuves, autant qu'on doit détefter la funefte maxime qui iroit à étouffer la voix, à accorder l'impunité au crime de fuppreffion d'état, & peut-être à ébranler la fage maxime, que le mari de la mere eft le pere de l'enfant.

Penfer autrement, ce feroit deshonorer du même coup, la mere & le pere. Et qui eft-ce qui eft affez hardi pour prendre fur fon compte la penfée contraire, & pour arracher fous ce prétexte un état acquis par la Loi, fur-tout quand il s'agit d'un enfant né pendant un mariage, dont la paix n'a été troublée par aucun nuage ?

Car enfin, puifqu'il faut le dire, voici l'endroit du préjugé : Eh ! pourquoi fe diffimuler ce que chacun fe dit à l'oreille fur les queftions d'état ? Il y a long-tems que le mal a des droits acquis fur les cœurs des hommes !

Que les meres qui défendent aux queftions d'état ne croyent donc pas qu'on méconnoiffe leur qualité ? mais qui ne doit dire anathême à un préjugé, qui tendroit à ébranler la regle la plus importante, pour le maintien de la focieté.

Le défenfeur du Marquis de la Ferté foûtenoit l'année derniere une régle auffi importante pour le repos des familles. Il s'applaudiffoit avec raifon du fuffrage Public, qui s'étoit élevé contre la maxime contraire. Il citoit les Arrêts les plus fameux, qui ont maintenu une regle auffi fage.

Après avoir examiné les caractéres des traitemens, il refteroit d'en démeler le principe : mais ici la preuve eft fi multipliée, que la filiation de la Dame de Bruix ne peut pas être équivoque : il ne s'agit pas de fimples traitemens qu'on puiffe attribuer à une commiffion, à la pitié, à la charité, à la commifération, ou à l'amitié ? Il s'agit de tout un corps de conduite ; il s'agit d'une preuve fuivie, qui rend même la preuve par témoins fuperfluë, & qui prouve parfaitement la filiation. La nature préfente ici des prodiges capables de vaincre l'incrédulité la plus obftinée.

Il refte maintenant de parcourir les faits principaux, fur lefquels on fera entendre des témoins, faits qui font déja prouvés par écrit. Ces faits fe réduifent à quatre.

Le premier, c'eft le fait de la groffeffe & de l'accouchement.

Le fecond, c'eft le fait de la nourrice.

Le troifiéme, c'eft le fait de la Mondevis, & de la Brunier.

Le quatriéme enfin, c'eft la façon dont la Dame de Bruix a été tenuë chez la Marquife de Boudeville.

Pour commencer par le dernier fait, peut-il être prouvé autrement que par témoins ? Peut-on en impofer fur un fait auffi public ?

Le fecond fait eft que c'eft la Marquife de Boudeville qui a fait mettre Dame de Bruix chez la Fauvergne, enfuite chez la Mondevis, & chez la

Brunier

la Brunier ; qu'elle a fait toute la dépense ; qu'elle y a souvent été voir la Dame de Bruix, se lie parfaitement avec tous les faits qui sont prouvés. Il s'agit de former la chaîne de tous ces faits, qui se prouvent déja les uns par les autres.

La Dame de Bruix est entrée chez la Marquise de Boudeville dès l'âge de six ans : d'où sortoit-elle alors ? Depuis l'âge de six ans la Marquise de Boudeville a pris soin de la Dame de Bruix; qui est-ce qui en avoit pris soin avant ce tems ? Quoi ! la Marquise de Boudeville a pris soin de cet enfant dès l'âge de six ans, & il lui auroit été étranger auparavant? Et quel enfant? Un enfant baptisé mystérieusement, un enfant sans pere & mere connus, un enfant qu'elle marie, qu'elle dote de 100000. liv. La Mondevis & Virgine Brunier, chez qui cet enfant a été au sortir de chez la nourrice, étoient attachées à la Marquise de Boudeville, & l'enfant dont elles ont pris soin, leur étoit étranger, puisque la Dame de Bruix n'est pas niéce de Tonton. Pourquoi donc ont-elles pris soin de cet enfant ? Qui les a payées ? Elles n'étoient pas en état de faire cette dépense pour un enfant qui leur auroit appartenu.

Qui a entretenu cet enfant chez elles ? N'est - il pas naturel de présumer que c'est la Marquise de Boudeville , puisqu'elle n'a pas cessé de l'entretenir depuis ? Ce fait est donc prouvé : mais on verra encore que la Marquise de Boudeville venoit voir souvent cet enfant; qu'elle étoit accompagnée des personnes de la premiere considération; qu'on conduisoit l'enfant au Palais Royal où il étoit tenu comme l'auroit été une fille, que le Marquis & la Marquise de la Ferté auroient avoüée , & qu'il étoit l'objet de leurs caresses.

Les témoins rendront compte de la différence que l'on mettoit entre la Dame de Bruix, & les véritables niéces de Tonton: différence essentielle qui venoit de la différence de leur naissance : différence fondée sur leurs Extraits baptistéres, qui leur donne véritablement l'état de niéces de Tonton, pendant que l'Extrait baptistére de la Dame de Bruix ne lui donne point d'état.

Le fait de la Nourrice est-il moins sûr que le précedent , ou moins susceptible de la preuve testimoniale ? La Fauvergne, dit la Marquise de Boudeville dans son Interrogatoire , venoit voir ces femmes. On prouvera que c'étoit elle même qu'elle venoit voir; que c'étoit à elle même qu'elle présentoit l'enfant.

La Fauvergne venoit donc dans la maison de la Marquise de Boudeville de son aveu, & elle y venoit avec l'enfant. Il ne s'agit plus que de sçavoir à qui l'enfant étoit présenté, de qui la Fauvergne le tenoit ; mais tout ce que la Marquise de Boudeville a fait pour cet enfant permet-il d'en douter ? La Dame de Bruix n'étant pas niéce de Tonton, c'étoit donc à la Marquise de Boudeville que la Fauvergne amenoit un enfant que la Marquise de Boudeville convient avoir aimé dès l'enfance, & pour qui elle a tant fait. Enfin en 1735. la Fauvergne se trouve à Cachan, elle y reste pendant six semaines choisie par la Marquise de Boudeville pour gouvernante des enfans de la Dame de Bruix. La Fauvergne vit, c'est un témoin bien instruit. Combien de témoins qui ont vû la Marquise de Boudeville venir voir la Dame de Bruix en nourrice, combien de personnes de con-

dition qui ont accompagné la Marquife de Boudeville dans ces vi-
fites, & qui ont vû la Fauvergne au Palais Royal en 1705. & 1706.
préfenter l'enfant au Marquis & à la Marquife de la Ferté?

Il ne refte donc que le fait de la groffeffe & de l'accouchement,
fait, dit-on, trop important pour être confié à la foi des témoins.
Mais quoi, toutes les fois qu'on cachera une groffeffe, & qu'on en-
levera à un enfant fon état, on l'arrêtera au premier pas, on oppofera le crime même comme une barriere qui empêchera de l'approfondir. La groffeffe a été cachée; les noms des pere & mere ont été
déguifés au baptême; donc l'état ne peut pas être prouvé: quelle étrange maxime!

Voilà un enfant fans état; on le tient en nourrice, on en prend
foin dès l'inftant qu'il voit le jour; dès l'âge de fix ans on le reçoit
dans fa maifon. Qu'on fe rappelle tous les faits: ils prouvent que la
Marquife de Boudeville eft mere de l'enfant, non-feulement parce
qu'elle en a rempli les devoirs, mais parce qu'elle les a remplis avec
myftére. La groffeffe & l'accouchement fe lient néceffairement avec
tous les faits prouvés. Mais, dit-on, la groffeffe & l'accouchement
font des faits privilégiés qui ne fe prouvent pas par témoins. Et comment donc peuvent-ils être prouvés? en paffe-t'on des actes? Si on
peut cacher ces faits, pourquoi ne fera-t'il pas permis de les prouver?.

Eh! quelles preuves par écrit les loix exigent-t'elles? Un Extrait baptiftére de l'enfant, dit-on: mais cet Extrait baptiftére eft-
il un Acte dont la preuve foit fûre? ne peut-on pas trom per la vi-
gilance des loix? Si on ne fait qu'ondoyer l'enfant, par exemple;
fi pour rendre la groffeffe & l'accouchement plus cachés, on ne
préfente point l'enfant au baptême: l'enfant perdra-t'il l'état que
fa naiffance lui donne? Ofe-t'on dire que oüi? Que fi en pré-
fentant l'enfant à l'Eglife pour fatisfaire à la Religion, on déguife
l'état de l'enfant, qu'on lui donne de faux pere & mere, que cela
foit prouvé par écrit, comme dans l'efpéce; quoi! cet enfant ne pourra pas prouver fon état? Si la poffeffion d'état, fi les preuves par
écrit les plus victorieufes lui découvrent fes véritables pere & mere
qu'on s'eft efforcé de cacher, il ne pourra pas, quand tout eft prouvé depuis l'inftant de fa naiffance, quand on voit une chaîne de faits
non interrompus, qui fe lient les uns avec les autres, qui forment
ce merveilleux accord, caractere de la vérité; faits dont les uns font
prouvés par écrit, les autres avoüés, les autres préfumés par leur liai-
fon avec ceux qui font prouvés, ou avoüés, ou par la fuite qu'ils
forment réünis; faits marqués au coin de la vérité: on ne pourra
pas rendre cette preuve complete, en confirmant par la preuve
par témoins la groffeffe & l'accouchement, qui font déja prouvés
par toute la conduite qui a été tenuë, par tous les effets de la maternité, par tous les traitemens qu'un enfant peut recevoir de fes
pere & mere, enfin par le myftére qu'on a répandu fur toute la
conduite qu'on a tenuë.

Oh! mais, dit-on, quoi, on confiera à deux ou trois témoins, gens vils, gens indignes de toute confiance, à des domeſtiques, à une Françoiſe Boucher, femme de chambre, à une garde, la preuve d'un fait ſi important ; on préférera leur dépoſition à la déclaration d'une femme de condition, qui atteſte avec la religion du ſerment, qu'elle n'a point eu d'enfant ; on préférera leur dépoſition au ſuffrage de toute une famille, à l'interêt du public, & de tout l'univers, qui reclament contre le danger d'une pareille preuve ?

Si on avançoit un fait ſemblable ſans tous les faits qui le ſoûtiennent, ou qui le prouvent, qui le démontrent, ſans toutes les preuves qui prennent l'enfant dans le premier inſtant, & qui le conduiſent ſans interruption depuis ſa naiſſance juſqu'au moment préſent, la Marquiſe de Boudeville pourroit avoir raiſon.

Mais quoi ! on ne pourra pas remonter au fait de la naiſſance en rétrogradant, & le prouver par les conſéquences, par les effets, par tout ce qui l'a ſuivi ? La Marquiſe de Boudeville veut abſolument qu'on commence toûjours par la preuve du fait de l'accouchement, & non qu'on parvienne à la preuve de ce fait par tout ce qu'il a produit, par la conduite de mere, par le traitement qu'a reçû l'enfant, par tout ce qui l'a démaſqué : & qu'importe pour la vérité par où on arrive à la connoître ?

Les témoins ne feront dans cette occaſion que ſe joindre à une foule de preuves par écrit : ils ne feront que concourir avec elles, que dévoiler un fait myſtérieux, mais déja prouvé par tout ce qui l'a ſuivi.

Ces témoins ſont vils, dit la Marquiſe de Boudeville, ce ſont des domeſtiques indignes de foi ; une Françoiſe Boucher, ſa femme de chambre, une garde, &c.

Combien de témoins d'une groſſeſſe qui dure neuf mois, & pendant laquelle la Marquiſe de Boudeville n'a pas quitté le Palais Royal ?

A l'égard du fait de l'accouchement, il ſe joindra, & ſe liera avec la preuve de la groſſeſſe : on entendra les domeſtiques qui ont aſſiſté à l'accouchement, Françoiſe Boucher, femme de chambre, qui a reçû l'enfant, la garde, la nourrice à qui l'enfant a été remis, le Médecin qui a vû la Marquiſe de Boudeville dans ſa groſſeſſe, ceux à qui elle a avoüé le fait qu'elle nie aujourd'hui, ceux avec qui elle parloit & penſoit tout haut ſur le compte de la Dame de Bruix, ſuivant l'expreſſion de la Marquiſe de Boudeville dans ſes lettres. Ces preuves ſe lieront avec toutes les autres preuves par écrit, avec cette éducation, ces ſentimens de tendreſſe, ces remords, ces libéralités qui ne conviennent qu'à une mere, avec ces diviſions avec le Marquis de Boudeville, avec ce myſtére perpétuel pour ſe cacher de la part de la Marquiſe de Boudeville, quand elle agit en mere : toutes ces preuves ſe ſoûtiendront mutuellement ; elles entreront, s'il eſt permis de parler ainſi, les unes dans les autres, & de leur union, & de leur aſſemblage, ſortira la vérité.

En vain oppoſe-t'on à la Dame de Bruix dans un Mémoire que la

Dame Marquife de Boudeville vient de faire paroître, que la Dame de Bruix n'a ni titre, ni poffeffion qui lui donne droit de prétendre l'état qu'elle reclame, & lui oppofe-t'on au contraire titre & poffeffion.

Les titres les plus folemnels enchaînent, dit-on, la Dame de Bruix à l'état qu'elle veut abdiquer, il faudroit détruire les Actes de deux générations, actes paffés en minorité, actes paffés en majorité, ce qui opere même une fin de non-recevoir en faveur de la Marquife de Boudeville. Enfin on oppofe à la Dame de Bruix le fuffrage de Meffieurs les Gens du Roi, dans ces actions d'éclat, où il s'eft agi de queftions d'état, on oppofe des préjugés qu'on a raffemblés, & l'Arrêt de Safilly qu'on chérit fingulierement.

La Dame de Bruix a titre & poffeffion pour reclamer l'état de fille de la Marquife de Boudeville : fon Extrait baptiftére eft myftérieux: mais des actes, & une foule de circonftances prouvées par écrit, établiffent la maternité de la Marquife de Boudeville, & la filiation de la Dame de Bruix. On ne répéte rien de tout ce qu'on a propofé pour établir cette vérité.

La poffeffion d'état de la Dame de Bruix n'eft pas moins certaine. Elle n'a pas porté le nom de la Ferté, il eft vrai, mais elle a été connuë pour telle, elle a été élevée & traitée comme telle. Plus la Marquife de Boudeville a fait d'efforts pour n'être pas connuë, & plus elle s'eft démafquée. Quelle poffeffion plus éclatante ! Sous le nom de Mimi tout le monde a connu la Demoifelle de la Ferté. La Dame de Bruix a donc en fa faveur titre & poffeffion.

C'eft le comble de l'égarement que de prétendre que la Dame de Bruix eft liée à l'état de Marie de la Salle, par des titres, & par une poffeffion d'état que rien ne peut déranger, & même de fe faire une fin de non-recevoir de cette foule d'Actes qu'on exagere. Actes de toute efpéce, dit-on, Actes pendant le cours de deux générations, en majorité comme en minorité.

Peut-on oppofer à la Dame de Bruix un Extrait baptiftére de la qualité de celui dont on a rendu compte ? peut-on le regarder comme un titre qui donne à la Dame de Bruix l'état de fille d'un la Salle, qui n'exifta jamais ?

Depuis cet inftant, quel nom a porté la Dame de Bruix ? quel état a-t'elle poffedé ? *Mimi*, dans la maifon de la Marquife de la Ferté, *la Lande*, dans le Couvent de Belle-Chaffe, où la Marquife de la Ferté l'a fait conduire par la Demoifelle de Saint Martin. On lui donne le nom de la Salle, lors de fon mariage : & qui eft-ce qui le lui donne ce nom ? qu'on fe rappelle les lettres myftérieufes de la Marquife de Boudeville, au fujet de ce mariage, les impoftures de l'avis d'amis, ouvrage de la Marquife de Boudeville, & de fes confidens. Le Contrat & l'Acte de célébration de mariage de la Dame de Bruix, qui eft pareillement l'ouvrage de la Marquife de Boudeville. Ce font là précifément les Actes les plus puiffans contre la Marquife de Boudeville, pour établir fa qualité de mere : comment donc les oppofer à la Dame de

Bruix

Bruix comme des Actes de possession de l'état de fille de Guillaume de la Salle.

A l'égard de cette foule d'Actes dont on a parlé, Actes de toutes especes, dit-on, pendant deux générations ; Actes passés en majorité, comme en minorité; Actes dont on se fait une fin de non-recevoir contre la Dame de Bruix ; Quelle exagération dans le fait ! Quelle erreur dans le droit !

Ces Actes se bornent à cinq Extraits baptistéres des enfans de la Dame de Bruix, dont quatre ont été baptisés, la Dame de Bruix étant encore mineure : & à l'égard du cinquiéme né depuis la majorité de la Dame de Bruix, on lui a donné le nom de la Ferté Sennectere dans l'Extrait baptistére. Voilà cette foule d'Actes de toute espéce dans deux générations, en majorité & en minorité. Aucun de ces Actes n'est l'ouvrage de la Dame de Bruix : ce n'est pas une femme qui fait rédiger l'Extrait baptistére de l'enfant, elle ne les souscrit pas; son mari auroit-il pû lui porter préjudice ?

Dans le droit, l'état n'est-il pas inaliénable, & imprescriptible ; peut-on même opposer à la Dame de Bruix les Actes qui forment le corps de délit, qui est déféré à la Cour ? tels sont l'Extrait baptistére, l'avis d'amis, le Contrat, l'Acte de célébration de mariage, la donation de la rente viagere. Il est prouvé que les uns & les autres sont également l'ouvrage de la Marquise de Boudeville. Enfin peut-on opposer des Actes passés pendant la minorité de la Dame de Bruix ?

Il reste de parcourir les principes, que l'on a, dit-on, puisés dans les Discours de Messieurs les Avocats Généraux, & les Arrêts que l'on a cités avec tant de confiance, dans le mémoire de la Dame Marquise de Boudeville.

Bardet, Tome premier, Livre 3. chapitre 68. rapporté un Arrêt du 4. Décembre 1629. par lequel a été jugé, qu'on n'étoit pas recevable à prouver par témoins, qu'un particulier avoit fait profession dans l'Ordre de Malte en qualité de Frere servant.

M. l'Avocat Général Talon, qui portoit la parole dans cette cause, dit, que l'Avocat de l'Appellant avoit avancé de mauvaises maximes : *Cette cause est une cause d'état, & importante*, ce sont les termes de M. Talon ; *ainsi la preuve des faits avancez ne doit être reçûë par témoins ; mais seulement par actes & instrumens authentiques; il ne faut pas confier à la déposition de deux ou trois témoins l'état d'une personne.*

Les principes de M. Talon étoient excellens; mais ils sont sans application dans l'espéce qui est à décider. Comment prouver qu'un homme est Religieux, autrement qu'en rapportant un acte ? Sa profession est une convention de sa part.

Dans l'affaire de la Coulon, M. Talon établit qu'*au fond la seule preuve par témoins n'étoit pas suffisante dans les questions d'état.* Eh ! qui est-ce qui prétend le contraire ? la Dame de Bruix ne rapporte-t'elle pas même dès-à-présent une preuve complette ?

Sur la question de sçavoir si au défaut de preuves suffisantes par écrit, on devoit permettre à la Coulon de faire une preuve par témoins, M. Talon disoit, *que dans les circonstances où la Coulon se trouvoit, elle ne pouvoit pas demander à faire preuve de sa légitimité.* Ces termes sont bien remarquables, M. Talon, conduit par ce même principe, auroit pensé le contraire, dans les circonstances dans lesquelles se trouve la Dame de Bruix.

A l'égard des Arrêts qu'on oppose à la Dame de Bruix, il suffit de les parcourir.

Le premier Arrêt est du 27 Mars 1641. il est rapporté par Soefve : on pourroit se dispenser de répondre à cet Arrêt, parce que l'Auteur n'en rapporte pas la plus légere circonstance.

Cependant Soefve dit, que *Marie Damitié ne rapportant aucune piéce justificative de sa filiation, elle étoit non-recevable à demander qu'il lui fût permis de vérifier sadite filiation par témoins,* & cela suffit pour écarter ce préjugé. Il paroît clairement que Marie Damitié ne succomba, que parce qu'elle n'avoit aucun commencement de preuves. *Soli testes ad ingenuitatis probationem non sufficiunt.*

L'Arrêt de la Porte de 1653. qui est le second préjugé, n'a sans doute été employé que pour intimider. Dans l'espece de cet Arrêt, on voit le sieur de la Porte se présenter avec confiance à la Justice, & rendre plainte contre un imposteur, qui dans une Enquête, s'étoit qualifié son fils légitime, & qui, sans doute, se préparoit des armes pour l'attaquer dans la suite. Cet imposteur fut confondu, il fut condamné *à se présenter en personne à l'Audience, en présence du sieur de la Porte, & de six personnes telles qu'il voudroit choisir, & de déclarer que témérairement, & sans preuve,* ces termes sont remarquables, *il s'étoit dit fils du sieur de la Porte, dont il se repentoit, & demandoit pardon à Dieu, au Roi, à Justice, & pareillement au sieur de la Porte.* Il lui fut fait défenses *de prendre cette qualité à l'avenir.* Rien n'est plus juste que de punir sévérement les imposteurs. On retrouve par tout la sagesse de la Cour. La Croix avoit pris la qualité de fils légitime du sieur de la Porte ; mais il l'avoit prise *témérairement & sans preuve* : & il falloit que l'imposture fut bien avérée, pour avoir mérité la punition exemplaire prononcée par l'Arrêt. Quel rapport peut avoir un exemple de cette qualité, avec la cause de la Dame de Bruix, dans laquelle on trouve les preuves les plus concluantes ? Si on a prétendu induire de cet Arrêt que la preuve testimoniale ne doit pas être admise en matiere d'état, c'est quand il n'y a aucun commencement de preuve par écrit, qui étoit le cas dans lequel se trouvoit Georges de la Croix ; & par conséquent cet Arrêt est sans application à la cause qui est à décider.

Le troisiéme Arrêt est de l'année 1686. il est à peu près de la même force. Le nommé Joublot, garçon Menuisier, entreprend de se donner pour pere Claude Marsault, & pour mere Eléonore Sauvage, femme de Claude Marsault.

Joublot pour se faire reconnoître, commence par arrêter la Dame Marsault sur un grand chemin ; il veut entrer de force dans son carrosse.

Le mari & la femme rendent plainte de l'insulte, ils en font informer devant le Lieutenant Criminel de Chaumont, qui décerne contre Joublot un décret d'ajournement personnel.

Joublot dit pour sa justification qu'il étoit fils de Marsault & de sa femme ; il offre de le prouver par témoins, le Lieutenant Criminel le lui permet.

Marſault & ſa femme interjettent appel ; & par l'Arrêt toute la procédure eſt déclarée nulle : en même tems il eſt fait défenſes à Joublot de ſe dire fils de Marſault & de ſa femme.

La nullité de la procédure s'établiſſoit d'elle-même : l'admiſſion d'un fait juſtificatif, une Enquête tendante à la preuve de l'état, tout cela heurtoit de front les principes les plus certains en matiere criminelle.

A l'égard de la défenſe de ſe dire fils de Marſault & de ſa femme, pluſieurs circonſtances donnerent lieu à la déciſion.

L'une étoit que l'Enquête, toute nulle qu'elle étoit, démontroit l'impoſture par l'abſurdité des faits, & par la contradiction des témoins.

L'autre, que la Dame Marſault avoit articulé que jamais elle n'avoit eu d'enfans, qu'elle avoit été viſitée, & que le fait étoit prouvé. Il n'eſt pas étonnant que dans de telles circonſtances on ait crû devoir arrêter le progrès de l'impoſture.

Le quatriéme Arreſt eſt de 1691. Voici quelle étoit l'eſpece.

Françoiſe Coulon ſe donne pour fille de Pierre Davril & d'Anne Laval, ſon épouſe ; elle articule pour premier & principal fait, qu'elle étoit née en 1650. elle rapportoit le Certificat d'un Religieux, qui véritablement étoit fils de Davril, & qui la reconnoiſſoit pour ſa ſœur : le Certificat portoit qu'elle étoit née dans la même année que l'illuſtre M. Brouxelles avoit été arrêté.

On lui répondoit que puiſque ſelon elle-même elle étoit née en 1650. elle ne pouvoit être fille de Davril ; parce qu'il étoit mort en 1646.

Ce fait répondoit ſuffiſamment au Certificat du Religieux ; on ajoûtoit encore l'atteſtation de ſes Supérieurs, qui déclaroient que c'étoit un fripon, c'étoient les *termes de l'atteſtation*, & qu'il étoit capable de tout faire pour du vin. Le Certificat portoit d'ailleurs avec lui une double preuve de fauſſeté ; il fixoit l'époque de la naiſſance de celle qu'il diſoit être ſa ſœur, à l'année dans laquelle M. de Brouxelles avoit été arrêté, c'étoit l'année 1648. d'où il réſultoit deux conſéquences invincibles. La premiere, que l'époque de 1648. n'étoit pas plus conciliable que celle de 1650. avec la mort de Davril en 1646. La ſeconde, que la contradiction qui ſe trouvoit ſur le tems de la naiſſance entre le Certificat du Religieux, & le fait articulé par la fille, étoit plus que ſuffiſante pour démontrer l'impoſture de l'un & de l'autre.

Par l'Arrêt il fut fait défenſe à la Coulon de ſe dire fille de Davril & de ſa femme.

Mais ſi des impoſteurs ont été punis, des enfans légitimes dont l'état avoit été ſouſtrait, n'ont-ils jamais été rétablis dans leurs droits ?

Le ſieur de Tourville qui avoit un Extrait baptiſtére ſous des noms ſuppoſés, n'a-t-il pas été admis à la preuve, quoiqu'on lui oppoſât un Extrait baptiſtére déguiſé ?

La Demoiſelle de Bonneval dont l'état étoit conteſté par ſa propre mere qui la défavoüoit , & qui lui oppofoit un Extrait baptiſtére , n'a-t-elle pas été admiſe à la preuve par témoins?

Autre Arrêt de 1721. qui a admis François Alexandre à la même preuve.

Louis Toquelin avoit un Extrait baptiſtére déguiſé , & il a été admis à la preuve teſtimoniale par Arrêt de 1722.

L'Arrêt de Sazilly dont on fait un ſi grand bruit , eſt ſans application à la cauſe qui eſt à décider Dans l'eſpece de cet Arrêt trouvoit-on cet enchaînement de preuves par écrit , cette variété , cette multitude , cet accord de faits , ce myſtére toûjours relatif à la Marquiſe de Boudeville , qui ne veut pas paroître? y avoit-il une poſſeſſion d'état auſſi ſoûtenuë , auſſi caractériſée , auſſi convenable à l'état réclamé , auſſi peu convenable à l'état fictif ? A peine paroiſſoit-il quelques lueurs qui pouvoient être trompeuſes , quelques ſoins peu importans qui pouvoient être attribués à charité , & qui regardoient même plûtôt un ſieur de Marconay, que la Dame de Sazilly : cependant les premiers Juges avoient admis à la preuve , & la Cour n'avoit pas crû devoir la ſuſpendre : cette preuve avoit été faite ; mais elle n'étoit rien moins que concluante , & il y avoit des nullités dans les Enquêtes. On trouvoit auſſi dans cette cauſe un Religieux qui faiſoit un rôle déplacé , & qui étoit auſſi ſuſpect que Davril dans la cauſe de la Coulon. Dans ces circonſtances la cauſe portée à l'Audience de la Cour , le prétendu Sazilly a ſuccombé, c'eſt un malheur pour lui ; mais on exagere aujourd'hui la cauſe de Sazilly , pour s'en faire un préjugé contre la Dame de Bruix.

De la façon dont on préſente cet Arrêt , qu'il ſoit permis de le dire , on fait preſqu'injure à la Cour. Le zele des défenſeurs de la Marquiſe de Boudeville leur fait exagerer des circonſtances qu'ils ſçavoient ſi bien alors réduire à leur véritable valeur ; mais ils tiennent à préſent le langage de l'intereſt & non celui de la vérité : on parle d'une lettre rapportée par le prétendu Sazilly la veille du Jugement , lettre unique , lettre ſuſpecte , lettre incapable de former ces preuves que la Cour exige.

Enfin par un Arrêt récent , la Cour vient d'admettre la preuve que l'on combat aujourd'hui : vaine ſubtilité de dire que la preuve a été admiſe de l'identité, que la Demoiſelle Ferrand avoit un Extrait baptiſtére. Il s'en falloit bien que la Demoiſelle Ferrand eût des preuves auſſi ſuivies & une poſſeſſion d'état auſſi caractériſée , des preuves de toute eſpece, & un cri de la nature , tel que celui qui s'éleve en faveur de la Dame de Bruix : on ne peut pas faire de paralelle à cet égard entre ces deux cauſes , quand on veut être ſans prévention.

Oh ! mais , dit-on , la Demoiſelle Ferrand avoit un Extrait baptiſtére : cela eſt bien-tôt dit ; mais cet Extrait baptiſtére étoit formé de la combinaiſon de trois piéces , de l'Extrait baptiſtére ſans noms de pere & de mere, de l'Acte paſſé chez Carnot par M. le Préſident Ferrand , & de l'aveu de Madame Ferrand dans ſon interrogatoire, qu'elle étoit accouchée.

M. l'Avocat Général de Voiſins qui portoit la parole dans cette cauſe a-t-il regardé ces piéces réunies , comme formant un Extrait baptiſtére

baptiſtére ? il les a regardées comme prouvant un myſtére , comme une eſpece de preuve précieuſe pour la Juſtice, comme un commencement de preuve par écrit , capable de favoriſer la preuve teſtimoniale qui étoit demandée.

La Dame de Bruix a un Extrait baptiſtére , dont les noms ſont ſuppoſés & prouvés tels par écrit : elle a auſſi la preuve par écrit que les noms ſuppoſés de pere & de mere inſerés dans cet Extrait baptiſtére n'ont été employés que pour cacher le Marquis & la Marquiſe de la Ferté , ſes véritables pere & mere : la conduite de la Marquiſe de Boudeville dans tous les tems , le myſtére employé , ſes efforts pour ſe cacher, le crime auquel on a eu recours, la Dame de Bruix miſe à Belle-Chaſſe pour faire perdre la trace de l'enfant, le faux avis d'amis , les impoſtures de cet Acte, ouvrage de la Marquiſe de Boudeville & de ſes confidens, le Contrat , l'Acte de célébration de mariage de la Dame de Bruix , dans leſquels la Marquiſe de Boudeville ne paroît point , le détour de la Marquiſe de Boudeville lors de ſes libéralités , enfin tout ce qui a ſuivi, qu'on ne répéte pas , quoi ! tout cela mis dans la balance ne vaudroit pas l'Acte de M. le Préſident Ferrand ?

Toutes les queſtions d'état ont des traits ſinguliers : l'Acte de M. le Préſident Ferrand avoit ce caractere , les Actes que cette cauſe préſente , tous les faits qui ſont prouvés , la conduite de la Marquiſe de Boudeville forment un corps de preuves qu'on peut bien attaquer, mais qu'on ne parviendra jamais à détruire.

Que l'on rapproche maintenant tant de faits , dont la liaiſon & le tiſſu opérent une démonſtration complete en faveur de la Dame de Bruix ; mais que l'on réuniſſe principalement les faits qui ſont prouvés , avoüés même par la Marquiſe de Boudeville; l'éducation que la Dame de Bruix a reçüe dans la maiſon paternelle , les circonſtances qui ont précédé ou ſuivi ſon mariage, les lettres pour y parvenir , cet avis d'amis ſi remarquable & ſi déciſif , cette dot myſtérieuſe de 100000. liv. la donation de 1000. liv. de rente viagere , le myſtére perpétuel de la part de la Marquiſe de Boudeville pour s'envelopper : ce qui s'eſt paſſé pendant le ſéjour de la Dame de Bruix à Bayonne, & dans ſon voyage de Paris ; ces lettres ſi tendres où la nature ſe trahit , & qui développent ſi clairement la naiſſance de la Dame de Bruix ; que l'on joigne à tous ces faits l'Interrogatoire de la Marquiſe de Boudeville , ces dénégations confonduës , ces menſonges , ces contradictions , ces réponſes qu'elle a craint de faire , ces éclairciſſemens qu'elle a refuſé à la Juſtice , ces aveus importans qu'elle a été forcée de faire ? Que l'on réfléchiſſe ſur la conduite de la Marquiſe de Boudeville avec Virgine , ſur la haine qu'elle avoit conçüe contr'elle , ſur ſes plaintes , ſes mécontentemens , ſur les dépenſes qu'elle fait cependant pour elle , ſur les donations qu'elle lui aſſure. A ces contradictions apparentes , qui peut méconnoître une mere ?

Mais de quoi s'agit-il ? Quoique la Dame de Bruix prouve d'une maniere invincible ſon état, elle ne demande encore qu'à éclaircir la vérité ; elle ne demande qu'à joindre à des preuves ſi déciſives , une foule de témoignages, qui lient enfemble tous les faits, & qui en fâffent comme une chaîne non interrompuë.

Tous ces faits fi liés, fi fuivis depuis l'inftant de la naiffance de la Dame de Bruix, joints à tant d'autres preuves que la Cour a fous les yeux, pourroient-ils être négligés ? La preuve en peut-elle être faite autrement que par témoins ?

La Dame Marquife de Boudeville demande réparation : elle crie à l'injure, à la calomnie ; fe flatte-t'elle que la Juftice étouffera la voix de la Dame de Bruix ; qu'elle la jugera calomniatrice, fans daigner inftruire fa Religion fur un fait de notorieté publique, qui ne feroit caché que pour la Juftice ?

Que la Dame de Bruix foit admife à faire la preuve qu'elle demande, il n'y aura qu'un cri contre la Marquife de Boudeville, le triomphe de la Dame de Bruix eft certain ; mais triomphe funefte, qui deshonnore celle à qui on doit le jour.

Loin d'ici ces odieux préjugés fur la multiplicité des queftions d'état, que les meres qui manquent à la nature voudroient exciter, pour fe fouftraire à la Juftice.

En vain, dit-on, qu'il faut arrêter à jamais ce torrent de queftions d'état, qui inonde les Tribunaux.

Quoi ! parce que les crimes de fuppreffion d'état fe multiplient, la Juftice fera moins vigilante, moins févére, elle ne daignera plus rechercher la vérité ?

Il faudra condamner fans les entendre ces enfans malheureux, qui reclament l'état dont on les a dépoüillés, & couronner un facrifice fi inhumain !

La tranquillité publique, dit-on, les demande, ces odieux facrifices ; & les faire, c'eft pratiquer ces grandes maximes, aufquelles il n'appartient pas à des ames communes de s'élever. Qu'on dife bien plutôt maximes déteftables, qui renverfent, qui détruifent l'œconomie de la focieté. Oüi l'ordre de la focieté demande que l'état de chaque citoyen foit confervé ; conferver cet état, c'eft maintenir la tranquillité publique ; & loin de déranger l'ordre des familles, c'eft le retablir, que de rendre à ceux qui en font partie le rang qu'ils tiennent de leur naiffance. Ainfi maximes fauffes, maximes déteftables que le crime a enfantées, pour fe dérober à la Juftice, & pour fe procurer l'impunité.

Enfin il ne s'agit pas encore de prononcer diffinitivement : Il ne s'agit point encore de déclarer la Dame de Bruix fille de la Marquife de Boudeville. Il n'eft queftion que d'approfondir la vérité. Il s'agit de joindre la preuve teftimoniale à tant de preuves qui concourent déja en fa faveur. Eh ! qui n'eft pas convaincu de l'état de la Dame de Bruix ? On refuferoit d'inftruire juridiquement une vérité que tout le monde connoît, & dont on eft fûr de trouver la preuve ? On rejetteroit tant de preuves de toute efpéce ; on refuferoit d'y mettre le fceau par la derniere preuve qui eft offerte ? C'eft un crime de le penfer. La Marquife de Boudeville ne veut étouffer la voix de fa fille, que parce qu'elle fent la preuve prête à l'accabler : mais c'eft cette raifon même qui doit porter la Juftice à approfondir.

La Cour fera toûjours maîtreffe de la deftinée de la Dame de Bruix. Elle péfera le mérite de la preuve, elle accordera la victoire à cet heureux accord, qui eft le caractere de la vérité. Quel regret d'avoir étouffé la vérité, de l'avoir empéchée de paroître dans tout fon éclat, d'avoir fait une victime qui rendroit le crime audacieux par l'impunité ? & peut-être de voir la Marquife de Boudeville fe repentir de fon injuftice, en mourant, & réparer autant qu'il feroit en elle l'Arrêt de la Cour, par fon teftament ? Le zéle pour la défenfe de la Dame de Bruix, la conviction de fon bon droit infpirent des allarmes; la réflexion fur les lumieres & l'équité de la Cour les condamne.

Me DE LA VERDY, Avocat.

De l'Imprimerie de P. EMERY.

Ce Mémoire fe diftribuë au Palais, chez SAUGRAIN, *Libraire,*
à la Providence.

MEMOIRE

POUR Dame MARIE DE LA FERTE'-SENNETERRE, Epouſe
autoriſée de Meſſire BERNARD DE BRUIX, Lieutenant, Colonel
d'Infanterie, Réformé, à la ſuite de la Garniſon de Bayonne,
Intimée.

*CONTRE Dame Françoiſe-Charlotte de la Ferté-Senne-
terre, Veuve de Meſſire Gabriel Thibault de la Carte, Marquis de la Ferté-Senneterre, Epouſe en ſecondes Nôces, autoriſée de Meſſire Jean-François de Malortie, Marquis de
Boudeville, Appellante.*

ET contre le Sieur Marquis de Boudeville, auſſi Appellant.

*ET encore contre Meſſire Philippes Thibaut de la Carte,
Marquis de la Ferté-Senneterre, Appellant.*

LE Fait & les Moyens ont été expliquez dans les precedens
Memoires; mais pluſieurs faits n'ont été éclaircis que dans
le cours de la Plaidoirie, & il n'a pas été poſſible d'en tirer
toutes les conſequences : d'autres faits ont été découverts,
ils doivent être réunis; leur liaiſon eſt neceſſaire pour porter la conviction dans les eſprits.

C'eſt l'objet du preſent Memoire, dans lequel on ſe propoſe uniquement d'inſtruire Meſſieurs les Juges, ſans les fatiguer par des repeti-
tions, qui peuvent rebuter, quand elles ſe trouvent dans differens
Ecrits.

Il s'agit de l'état de la Dame de Bruix ; par la Sentence dont eſt appel
elle a obtenu la permiſſion de faire preuve, tant par titres que par témoins, des faits portez par ſa demande, d'où naît la conſequence,
qu'elle eſt fille du premier mariage de la Dame Marquiſe de la Ferté,
épouſe en ſecondes nôces du Marquis de Boudeville.

A

2467

La Dame de Boudeville eſt Appellante : ſa prétention eſt que la naiſſance de la Dame de Bruix doit demeurer enſevelie dans les tenebres, & que la Juſtice ne doit point porter des regards curieux ſur les faits qu'elle n'a avouez qu'en ſecret à ſes plus chers confidens, & dont elle a néanmoins laiſſé échaper une infinité de preuves.

Que toutes les ſituations de la Cauſe ſont intereſſantes !

L'ambition a formé le deſſein d'étouffer la nature, la nature a combattu. Un fils unique deſtiné à remplacer les Heros de ſon nom, pour qui les filles avoient été ſacrifiées, tombé dans un accident plus cruel que la mort, a déconcerté les projets de l'ambition ; la nature a crû rentrer dans ſes droits.

Une autre paſſion, la plus fâcheuſe de toutes, a ſuſpendu les mouvemens de la nature ; le ſecond mariage de la Dame de Boudeville a ouvert une nouvelle ſcêne ; une mere entre les bras d'un mari, qui n'eſt pas pere, eſt peu diſpoſée à rendre juſtice à ſes enfans.

Le dégoût ſuit l'amour ; quand il eſt payé d'ingratitude, il devient fureur. Peu s'en eſt fallu qu'il n'ait ramené la plus infortunée de toutes les meres dans la route de l'innocence & du devoir ; la vengeance eut été douce, honnête, legitime.

Les entrailles maternelles ont été déchirées, la playe ſaigne encore ; une honte mal entendue, ſoutenue par un étranger, faux ami de la mere, reconnu tel depuis, a été pour elle & pour ſes filles le comble des malheurs ; il a tenté d'élever ſa fortune ſur leur ruine ; un Acte, dont il eſt l'auteur, a porté les premiers coups, qu'il a crû mortels, à l'état de la fille cadette, il ſe diſpoſoit à les continuer ſur l'aînée, il les auroit conſommez ſur la mere.

Il n'eſt pas tems de le nommer encore, on ne le reconnoîtra que trop dans la ſuite.

Rappellons en peu de mots les faits principaux qui forment les commencemens de preuve par écrit de l'état de la Dame de Bruix.

Premier Fait. La Dame de Boudeville a vêcu avec la Dame de Bruix depuis ſa naiſſance juſqu'à ſon mariage, comme une mere vit avec ſa fille, elle en a rempli tous les devoirs.

Deuxiéme Fait. La Dame de Boudeville l'a mariée & dotée.

Troiſiéme Fait. L'amitié de la Dame de Boudeville pour la Dame de Bruix, a ſon principe dans la nature, on n'en peut imaginer aucun autre ; c'eſt une mere qui veut s'en écarter, qui y rentre à tous les inſtans malgré elle, qui fait d'inutiles efforts pour arracher de ſon cœur des ſentimens dont elle eſt accablée, qu'elle ne peut ſubjuguer.

Quatriéme Fait. L'amitié, quoique marquée au coin de la prédilection & de preference ſur ſes autres enfans, eſt accompagnée d'une condition ; la Dame de Boudeville prend des précautions pour ne pas paroître mere ; d'où provient cette crainte, ſi elle ne l'eſt pas ?

Cinquiéme Fait. Qu'a penſé la famille ? dans quelle opinion a-t-elle été au ſujet de l'état de la Dame de Bruix ? on ne s'y eſt point trompé, la conduite & les diſcours de la Dame de Boudeville ont levé tous les doutes.

Sixiéme Fait. L'exiſtence d'une ſeconde fille dont l'état eſt joint avec l'état de la Dame de Bruix.

Septiéme Fait. La conduite du ſieur de Boudeville à l'égard des deux filles du premier lit de la Dame ſa femme.

Huitiéme Fait. L'état où a été la Dame de Boudeville depuis l'accident fâcheux arrivé au Marquis de la Ferté, les projets de reconnoître ſa fille, qui auroient eu leur execution, s'ils n'avoient été traverſez par le ſieur de Boudeville.

Neuviéme Fait. La conduite de la Dame de Boudeville depuis l'action intentée.

Après que ces Faits principaux auront été dévelopez, il en réſultera que le nom ſeul de la Ferté a manqué à la fille qui reclame ſon état; que l'ambition a été la premiere cauſe des malheurs de la Dame de Boudeville ; que ſon injuſtice pour ſes filles a empoiſonné tout le cours de ſa vie; qu'elle a toujours combattu contre elle-même, voulant faire le bien, faiſant le mal, s'efforçant de le réparer; & qu'enfin ſon ſecond mariage a été l'obſtacle à la reconnoiſſance qu'elle a voulu faire de ſa fille.

PREMIER FAIT.

La Dame de Bruix doit à la Dame de Boudeville, la nourriture, l'entretien & l'éducation. Ce premier Fait eſt public dans la famille, elle l'a nié, & néanmoins il eſt prouvé par écrit, & elle l'a avoué pour la plus grande partie.

Par ſes défenſes elle en convient en general, mais elle ſuppoſe qu'elle n'a *jamais* connu celle qui ſoutient être ſa fille, que comme étant la niece de Tonton. Le Fait eſt plus détaillé dans l'article 27 de ſon Interrogatoire.

Dans le tems qu'elle demeuroit dans la rue neuve des Petits Champs, l'affection qu'elle avoit pour Tonton a fait qu'elle a permis à la Tonton d'amener chez elle trois de ſes nieces, & même une quatriéme; ces nieces de Tonton, même ſa mere, ſon frere & ſa ſœur étoient chez la Dame répondante qui leur a donné mille marques de ſes bienfaits.

Cet évenement eſt placé dans le tems qu'elle demeuroit rue neuve des Petits-Champs; c'eſt la premiere maiſon qu'elle a habitée, lorſqu'elle eſt ſortie du Palais Royal en 1710. ſuivant l'article 7 de ſon Interrogatoire.

Ce n'eſt pas la qualité de niéce de Tonton qui a donné à la Dame de Bruix l'entrée dans la maiſon de la Dame de Boudeville ; la niéce de Tonton qui auroit été légitime, a été depuis changée par la Dame de Boudeville en bâtarde, dont le pere & la mere ſont inconnus; le motif porté par ſes défenſes & par ſon interrogatoire eſt détruit, & il reſte certain que la Dame de Bruix a été à ſa charge ; elle n'avoit alors que ſix ou ſept ans; elle eſt née au mois de Février 1705. elle a demeuré chez ſa mere, depuis 1711. ou 1712. juſqu'à ſon mariage qui eſt de 1723.

Où avoit-elle été avant 1711. ou 1712 ? Elle n'eſt pas tombée du

Ciel dans la maiſon de la Dame de Boudeville. Par un avis d'amis du 15 May 1723. rapporté, non pas, comme on a dit en plaidant, par la Dame de Bruix, mais par la Dame de Boudeville, par cet Acte dont on fera l'analyſe dans la ſuite, il eſt prouvé que la Dame de Bruix a été miſe à l'âge de deux ans chez la Demoiſelle Janiſſon ſœur de Tonton, c'eſt-à-dire qu'en ſortant des bras de ſa nourrice, elle a été reçûe dans la famille de Tonton, cette famille qui a toujours, ce qui n'eſt pourtant pas vrai, été affectionnée par la Dame de Boudeville, quoiqu'elle le déclare par ſes défenſes & par ſon interrogatoire.

Ainſi l'on eſt en état de ſuivre la Dame de Boudeville pendant tout le cours de ſa vie ; nous ne parlons encore que du tems de l'enfance.

Elle a été miſe en nourrice chez la nommée Fauvergne ; c'eſt le ſeul fait dont la Dame de Boudeville ne convient point : il ſera prouvé par l'enquête que c'eſt elle qui a payé les mois, qui a envoyé à l'enfant tout ce qui lui étoit neceſſaire, qu'elle l'a été voir, que ſes amies l'y ont accompagnée, qu'elle ne faiſoit pas même miſtere, qu'elle étoit ſa fille.

A deux ans la Dame de Bruix ſe trouve chez la ſœur de Tonton ; elle y eſt élevée juſqu'à l'âge de ſix ou ſept ans, alors elle eſt reçûe dans la maiſon de la Dame de Boudeville, & elle y eſt logée, nourrie, entretenue, élevée avec ſoin juſqu'à ſon mariage ; il n'eſt pas poſſible que dans le tems, qui a précedé l'entrée dans la maiſon de la Dame de Boudeville, la Dame de Bruix ait été élevée aux dépens d'autres que d'elle ; la famille de Tonton n'a eu aucun motif de ſe charger d'un enfant de deux ans ; la famille de Tonton étoit pauvre ; la conſéquence naturelle eſt que l'enfant, dans le tems qu'elle a été en nourrice chez la Fauvergne, y étoit aux dépens de celle qui depuis a payé la penſion chez les ſœurs de Tonton, & qui à l'âge de ſix ou ſept ans l'a reçûe dans ſa maiſon.

D E U X I E' M E F A I T.

La qualité de niéce de Tonton va diſparoître.

La Dame de Bruix a été élevée juſqu'à ſon mariage chez la Dame de Boudeville.

Les ſoins, les attentions, les dépenſes de toutes eſpeces, l'éducation, la maniere dont elle a paru à la Ville & à la Cour, ſingulierement au mariage du Prince de Soubize avec la fille du Prince d'Epinoy, tout annonce que celle que la Dame de Boudeville faiſoit paroître avec tant d'éclat, n'étoit pas la niéce d'une femme de chambre.

La Dame de Boudeville propoſe à ſa fille de la marier ; les précautions inoüies, dont pluſieurs ne ſont pas innocentes, prouvent le fait qu'elle veut cacher ; elle prend ſes meſures avec le ſieur de Bruix, ſans lui dire qui eſt celle qu'elle lui deſtine ; elle le tente, elle l'éblouït par l'appas d'une dot conſiderable, par les eſperances qu'elle lui fait enviſager ; mais elle ne veut point paroître à découvert ; le ſieur de Bruix étoit uniquement touché de la perſonne, elle n'eut pas de peine à le perſuader.

Le

Le pere du sieur de Bruix n'étoit pas si facile ; le fils fut obligé de faire le voyage de Bayonne, le séjour fut long, la Dame de Boudeville étoit impatiente, le sieur de Bruix recevoit lettres sur lettres signées la Marquise de la Ferté, cachetées de ses Armes.

On transcrira ici les deux Lettres restées au sieur de Bruix.

De la Chaussée ce 2 Août.

Vous m'avez fait plaisir, mon cher Monsieur, de me donner de vos nouvelles, quoique M. Brunier m'eût assuré que vous étiez arrivé chez vous en parfaite santé ; je suis charmée que la difference que vous trouvez entre les maisons de Campagne de votre Pays & la Chaussée, vous oblige à nous y venir rejoindre le plûtôt qu'il vous sera possible ; peut-être que les propositions du mariage que l'on aura pû vous y faire, vous y retiendront plus long-tems que vous ne croyez ; ce qui est de vrai, c'est que quelques partis qui s'y présentent pour vous, vous ne trouverez rien qui vous convienne mieux que la Demoiselle pour laquelle je m'interesse, qui n'aura pas à la verité pour le présent tant de biens, que celle que l'on pourra vous proposer ; mais la faveur dont elle est environnée par toute ma famille, qui a pour elle toute la consideration possible, pourroit avec le tems vous procurer des avantages ausquels vous ne vous attendez pas. Adieu, mon cher Monsieur, j'attends avec grande impatience la fin de ce mois pour avoir le plaisir de vous revoir, & de vous assurer que personne n'est avec plus de consideration que moi. Votre très-humble & très-obéissante servante.

Signé, la Marquise de la FERTE'.

Ce 3 Septembre.

Je ne suis point étonnée, mon cher Monsieur, des sentimens de votre pere ; il pense comme un homme qui craint de vous éloigner de lui ; mais s'il connoissoit la Demoiselle & les avantages qui peuvent suivre son établissement, je ne doute point qu'il ne donnât son consentement, & même avec plaisir. Je suis très-fâchée des peines que cela vous cause, si cependant vous ne pouvez l'obtenir, mettez votre unique but à vous en revenir, & l'on suivra votre premier dessein, vous ne trouverez aucuns changemens de ma part, par rapport à vous-même, mon cher Monsieur, & à l'amitié que j'ai pour la Demoiselle & sa famille que j'aime beaucoup personnellement ; je serois charmée de vous donner en toute occasion des marques de la parfaite estime que j'ai pour vous, & combien je suis, mon cher Monsieur : Votre très-humble & très-obéissante servante.

Signé la Marquise de la FERTE'.

A l'inspection de ces deux lettres, le sieur de Bruix qui ne connoissoit pas l'écriture de la Dame de la Ferté, pouvoit-il soupçonner qu'elles étoient fausses ? Elles l'étoient ; elles sont de la main de la Demoiselle de S. Jean, l'amie & la confidente de la Dame de Boudeville, * qui sans doute n'a pas connu les conséquences d'un office dangereux.

* Voyez les Lettres de la Dame de Boudeville à la Demoiselle de Saint-Jean.

Quel nom donnera-t-on à cet expedient, imaginé par la Dame de Boudeville, par la seule raison qu'elle ne vouloit pas paroître ?

En voici un second plus innocent, quoique dans le même goût, c'est-à-dire le même myſtere.

La Dame de Boudeville ne veut pas que ſa fille ſoit mariée ſur ſa Paroiſſe. Afin qu'elle puiſſe acquerir un domicile ſur la Paroiſſe de S. Sulpice, elle l'a fait entrer au Couvent de Belle-Chaſſe. C'eſt la Demoiſelle de S. Martin, autre amie & confidente de la Dame de Boudeville, qui l'a préſente, ſous le nom de la Demoiſelle de la Lande; on avoit oublié ſous quel nom elle avoit été baptiſée ; l'Extrait Baptiſtaire, dont ſeule elle avoit connoiſſance, n'avoit pas encore été levé.

Le fait de l'entrée à Belle-Chaſſe de la Dame de Bruix, ſous le nom de la Demoiſelle de la Lande, preſentée par la Demoiſelle de S. Martin, eſt prouvé par un Certificat tiré des Regiſtres du Couvent de Belle-Chaſſe.

Nous Prieure & Procureuſe du Couvent du S. Sepulchre, dit Belle-Chaſſe, certifions que Madame de Bruix eſt entrée dans notre Couvent ſous le nom de Mademoiſelle de la Lande le 12 Novembre 1722. qu'elle nous a été preſentée par Mademoiſelle de S. Martin, au nom de laquelle nous avons fait la quittance do 200 liv. pour un quartier de la penſion de la Demoiſelle de la Lande ; elle eſt ſortie de notre Couvent le 5 May 1723. Ce preſent Certificat eſt tiré de nos Regiſtres le 10 Janvier 1737. en foi de quoi nous avons ſigné, Sœur LUCIE de S. Alexis Prieure, Sœur MARGUERITE de Sainte Geneviéve Procureuſe.*

Pendant le ſéjour à Belle-Chaſſe, on diſpoſoit tout pour le mariage ; c'eſt une mineure, il faut lui nommer un Tuteur, il y a néceſſité de recourir à l'Extrait Baptiſtaire : tous ceux qui environnoient la Dame de Boudeville, ſçavoient qu'elle étoit ſa fille, qu'elle ne vouloit pas la reconnoître : elle leur apprend qu'elle a été baptiſée à S. Mery ; ils trouvent une defectuoſité ſur le Regiſtre, le nom de la mere a eſté obmis, ſes Gens d'affaires ne ſont pas ſcrupuleux.

Troiſiéme expedient : de quelle nature eſt celui-ci ? Ils engagent le depoſitaire du Regiſtre d'inſerer un renvoi dans le corps du Regiſtre, & d'écrire à la marge le nom de Barriere, mais ſans paraphe : ceux qui ont ſigné en 1705. ou n'eſtoient pas preſens, ou n'exiſtoient plus ; la Dame de Bruix n'a eu connoiſſance du fait que depuis la Sentence ; le Regiſtre a été compulſé.

L'Extrait Baptiſtaire levé, la pretendue niéce de Tonton devient Marie de la Salle.

Le 5 May 1723. elle ſort du Couvent de Belle-Chaſſe avec le nom de la Lande.

Quatriéme expedient de la même nature que les precedens. Comme une victime qu'on va ſacrifier, elle eſt conduite chez le Lieutenant Civil, accompagnée d'une troupe de gens qui prennent la qualité de ſes amis, au défaut de parens ; les plus conſiderables ſont Brunier, frere de Tonton, Belleconche Intendant de la Dame de Boudeville, Benoiſt Maître Chirurgien, ce Chevalier de Meudon, dont il eſt tant parlé dans les Lettres, tous gens qui ont vû la Dame de Bruix élevée depuis onze ou douze ans auprès de la Dame de Boudeville. Il s'agit de lui nommer un Tuteur à l'effet de ſon mariage ; Brunier qui demeuroit chez la Dame de Boudeville, ſe dit demeurant rue de Condé. Belleconche ne dit point qu'il eſt ſon Intendant, tous évitent avec ſoin de parler de leur Maîtreſſe ; tous font ſerment (la Religion eſt un jeu pour ces honnêtes gens.) Brunier dit qu'il n'a d'autre *connoiſ-ſance de l'état de Marie de la Salle, ſinon qu'elle a été élevée chez les Sieur & Dame Janiſſon (qui eſt ſa ſœur) depuis l'âge de deux ans ou environ, qu'ils ne lui avoient donné d'autre nom que celui de Mimi, qu'elle y eſt demeurée juſqu'à l'âge de neuf à dix ans que ladite Dame Janiſſon eſt decedée ; qu'enſuite la De-moiſelle Brunier, autre ſœur de lui Comparant, en a pris ſoin juſqu'à l'âge de treize ans qu'elle eſt decedée, & que depuis ledit ſieur Comparant en a pris ſoin, & l'a miſe dans les Couvens d'Andely & de Belle-Chaſſe, dont elle n'eſt ſortie qu'aujourd'hui ; que lui Comparant n'a jamais ſçû ni connu ſes pere & mere.*

Suivant cette dépoſition, Marie de la Salle née en 1705. a été depuis deux ans, juſqu'à dix-huit ans à la charge de la famille de Tonton ; d'abord la Janiſſon ſœur de Tonton la reçoit ; après la Janiſſon, une autre ſœur lui ſuccede ; après la mort des deux ſœurs Brunier en prend ſoin, la met dans les Couvens d'Andely & de Belle-Chaſſe ; Brunier qui en a été le dernier chargé, *n'a pourtant jamais ſçû ni connu le pere & la mere de Marie de la Salle.* Quel eſt le motif de cette officieuſe famille, Brunier ne le dit point. Il eſt faux qu'elle ait été juſqu'à l'âge de neuf ou dix ans chez les ſœurs de Brunier, puiſque dès l'âge de ſix ou ſept ans, ſuivant l'Interrogatoire de la Dame de Boudeville, elle eſt entrée dans ſa maiſon ; il eſt faux par la même raiſon qu'elle ait été juſqu'à treize ans chez une autre ſœur ; il eſt faux que Brunier ait enſuite pris ſoin d'elle, qu'il l'ait conduite dans les Couvens d'Andely & de Belle-Chaſſe, la Dame de Bruix n'a jamais été aux Andelys ; il eſt prouvé que c'eſt la Demoiſelle de Saint-Martin ~~dont il eſt ſouvent parlé dans les Lettres de la Dame de Boudeville~~, qui l'a preſentée à Belle-Chaſſe où elle eſt entrée le 12 Novembre 1722. d'où elle eſt ſortie le 5 May 1723. jour de la dépoſition de Brunier.

Brunier dans ſa dépoſition a porté le menſonge juſqu'à l'impudence. Les autres n'ont pas parlé plus ſincerement. Deux Tailleurs, un Limo-nadier & autres, Belleconche & Benoiſt, diſent qu'ils *n'ont d'autre con-noiſſance de l'état de la naiſſance de Marie de la Salle, que de l'avoir vû élever, tant par les Sieur & Demoiſelle Janiſſon, que par la Demoiſelle Brunier & le ſieur Brunier, chez leſquels elle étoit connue ſous le nom de Mimi, comme l'enfant de la maiſon ; qu'il y a peu de jours qu'ils ont appris ſon état, qu'ils n'ont jamais connu ſes pere & mere.*

Ainſi Brunier, Belleconche & Benoiſt ont la temerité de ſuppri-mer l'éducation dans la maiſon de la Dame de Boudeville, dont ils ont été les témoins pendant onze ou douze ans.

Nous ne nous arrêtons pas à dire qu'ils n'ont pas dit vrai ; la Dame de Boudeville par l'article 27 de ſon Interrogatoire, dont les termes ſont ci-deſſus rapportez, leur donne un démenti net & poſitif.

Pouquoi ont-ils menti ? pour faire plaiſir, à qui ont-ils menti ?

Ils mentent, parce que dans le plan concerté avec eux il ne falloit rien laisser entrevoir de l'éducation donnée par la mere à sa fille.

Ils mentent pour faire plaisir à la Dame de Boudeville.

Le résultat de l'Assemblée d'amis, est que Brunier est nommé Tuteur en conséquence, il assiste la mineure lors du Contrat de mariage & de l'Acte de celebration du premier du 2 Juin 1723. La Dame de Boudeville, suivant les mêmes prises, n'y paroît point.

Mais le 29 Juin elle fait une donation de 1000 liv. de rente viagere à la Dame de Bruix, sous le nom de Marie de la Salle, qui n'est pas niece de Tonton.

Quelle est l'induction que la Dame de Boudeville tire de ces Actes? la Providence a permis que par une suite de ses aveuglemens, elle ait rapporté le Procès verbal d'amis du 5 May 1723. d'où elle conclud qu'elle n'a eu aucune part au mariage de la Dame de Bruix.

Plusieurs conséquences contr'elle résultent de ces Actes.

1°. Ils prouvent que c'est elle qui a tout fait. N'est-ce pas elle qui a assuré la dot de 100000 liv? n'est-il pas sûr que le sieur de Bruix ne lui a pas fourni la valeur en deniers? le sieur de Bruix a la bonne foi de ne le pas prétendre, elle ne soutiendra pas le contraire. N'est-ce pas elle qui s'est servie de la main de la Demoiselle de Saint-Jean pour écrire à Bayonne les fausses Lettres que le sieur de Bruix croyoit de la main de celle qui paroissoit les avoir signées? N'est-ce pas elle qui s'est servie de la Demoiselle de Saint-Martin pour presenter sa fille dans le Couvent de Belle-Chasse où elle a été pendant six mois pour pouvoir être mariée à S. Sulpice? N'est-ce pas elle qui seule sçavoit dans quelle Paroisse sa fille avoit été baptisée, qui l'a indiquée, lorsqu'il a fallu lever l'Extrait pour proceder à l'avis d'amis? N'est-ce pas pour elle que l'omission du nom de la mere dans le Registre de S. Mery a été reparée par une fausseté qui se découvre à la seule inspection? il ne faut point d'Experts pour connoître qu'un renvoi non paraphé a été ajouté après coup. N'est-ce pas elle qui a fait proceder à l'Assemblée d'amis, avec qui elle a conjuré d'enlever l'état de sa fille, & qui a mis dans son parti les témoins, gens à elle, demeurans chez elle, son Intendant, Benoist, Brunier, qui ont debité cette foule d'impertinences & de mensonges en l'Hôtel du Lieutenant Civil? elle est la premiere coupable, ils sont ses complices. Elle se croit bien rassurée, parce que son nom n'est point écrit dans les Actes: elle seule en est l'ouvriere. On la trouve partout. Elle n'assiste point au Contrat ni à la celebration, mais c'est elle qui assure la dot, car on ne parle que de ce qui est écrit, & quelques jours après, le 29 Juin, elle donne à sa fille une pension viagere de 1000 liv. present peu convenable à une femme mariée, s'il étoit unique, & si, comme une mere attentive, elle n'avoit pas voulu que sa fille, sans dépendre de son mari, eût de quoi s'entretenir.

2°. Si la Dame de Boudeville n'eût pas été mere, toutes les précautions, qu'elle a prises pour se cacher, seroient autant d'extravagances; elle a élevé dans sa maison, dès sa plus tendre enfance, une fille qui, si on veut la croire, est ou niece de Tonton, ou née de pere & mere inconnus; la charité, la compassion, la generosité ont été les motifs

de

de ses soins, de ses bienfaits, de ses attentions, elle veut, en conti-
nuant ses bontez, lui procurer un établissement. Pourquoi commence-
t'elle par l'éloigner de sa présence? Pourquoi l'envoye-t'elle dans un
Couvent? Pourquoi n'ose-t'elle elle-même l'y presenter? Pourquoi fait-
elle écrire de fausses Lettres? Pourquoi falsifie-t'on les Regîtres pour
donner à sa fille, à l'âge de dix-sept ou dix-huit ans, une mere qu'elle
n'a point? Pourquoi fait-elle paroître en l'Hôtel du Magistrat une
troupe d'imposteurs qui suppriment le fait de l'éducation dans sa maison, & qui supposent que la Dame de Bruix a toujours été à la charge
de la famille de Tonton? Si elle eût été niece de Tonton, la Dame de
Boudeville auroit, sans détours, sans dissimulation, continué ses bontez pour une fille qui lui étoit chere, elle auroit honoré le Contrat de
mariage de sa presence; elle se cache pour n'être point découverte,
elle a recours, pour ne rien dire de plus, à des moyens qui ne sont pas
même innocens, elle prend des précautions pour n'être pas soupçon-
née; la crainte de paroître mere est un commencement de preuve par
écrit qu'elle l'est en effet.

3°. La Dame de Boudeville s'est flattée, en ne paroissant point au
Contrat de mariage de sa fille, qu'elle effaceroit les traces de maternité qui résultent de sa conduite dans le tems precedent; elle se
trompe, son défaut de presence au Contrat de mariage fournit une induction contr'elle.

Cette fille est-elle déchue de ses bonnes graces? la place qu'elle
occupoit dans son cœur lui a-t'elle été enlevée? la Dame de Boudeville est la même, tout se fait par ses ordres: quand on reflechit sur
ces circonstances, on se dit à soi-même, la niece de Tonton, Marie
de la Salle, n'a point merité qu'on ait eu recours à de si étranges expediens. Car enfin comment le dissimuler? on le dit avec douleur. On
voit des Lettres fausses, le Regître public falsifié, un Procès verbal
d'Assemblée d'amis qui ne se presentent à la Justice que pour mentir,
& ce Procès verbal, qui est un tissu d'impostures, n'est pas plus innocent que l'alteration du Regître, & les Lettres écrites de la main de
la Demoiselle de Saint-Jean.

Non, le sieur de Bruix n'a point épousé la niece de Tonton, ni
Marie de la Salle. C'est la fille de la Dame de Boudeville, à qui il
s'agissoit d'enlever l'état. Elle avoit pour elle les sentimens de mere,
elle ne vouloit pas qu'elle parût être sa fille. Si aux circonstances de
l'éducation, aux attentions maternelles, aux indiscretions tant de fois
échapées, est joint un Contrat de mariage, quand elle n'y paroîtroit
que par honneur, elle craint de donner une nouvelle preuve à celle
qu'elle sçait être sa fille. La prudence exige qu'elle se cache, elle
espere même qu'ayant donné un état à sa fille, elle aura moins de
regret à celui qu'elle lui a enlevé.

Mais elle a nié tous les faits. Que produit la dénegation d'un fait
prouvé?

La Dame de Boudeville en a connu l'importance; la dénegation y
ajoute un nouveau poids.

C

TROISIE'ME FAIT.

Les sentimens de l'amour le plus vif & le plus maternel sont dans les Lettres écrites par la Dame de Boudeville, soit à la Dame de Bruix, soit à la Demoiselle de Saint-Jean.

*Le tendre attachement * que j'ai pour vous m'attache à la vie; je n'en desire la prolongation, que pour contribuer au bonheur de la vôtre, de loin comme de près.*

La Dame de Boudeville est * dédommagée de l'absence de sa fille, quand elle est avec des gens qui lui en parlent.

Elle se plaît dans la solitude, il lui suffit d'être avec ses confidens. *Je pars dans l'instant pour la maison que vous aimez, je mene avec moi * le Chevalier de Meudon, sa fille & Tonton; le seul plaisir que je m'y propose, est de parler sans cesse de vous, dont je suis toujours occupée.*

*Je défie * que votre presence dans Bayonne fasse autant de plaisir, que votre absence fait ici de peine; mandez-moi la reception de vos petits enfans, ne me laissez rien ignorer de ce qui vous regarde, les moindres détails qui ont rapport à vous me feront plaisir; j'en userai de même, étant bien sûre de la façon dont vous pensez pour les simples bagatelles qui m'interessent.*

*Je vous * écris, ma chere Mimi, de mon hermitage où je suis depuis quatre jours dans une solitude qui convient à merveille à ma façon de penser; rien ne m'y agite que l'impatience de recevoir de vos nouvelles. Je voudrois passer tout le tems que je suis destinée à ne vous pas voir à vivre, comme je fais, car tout le monde m'ennuye, excepté les personnes avec qui je peux parler, & PENSER TOUT HAUT sur votre compte.*

*La * solitude fait mon unique plaisir, n'étant nullement dans le goût de ceux qui disent, que quand on n'a pas ce qu'on aime, il faut aimer ce que l'on a; je suis dans un principe si contraire, que je déteste tout le monde, n'aimant que ma chere Mimi, que j'ai toujours dans le cœur, parce que je ne connois rien de si adorable qu'elle.*

*Je ne * lis point vos Lettres, sans être émue de tous les sentimens les plus tendres qui ne cessent d'occuper mon cœur. Voici un tems qui me rappelle avec douleur celui de l'année passée. J'étois dans l'attente de vous trouver à Paris, c'étoit le comble du bonheur pour moi. Mon Dieu! que mon retour me paroîtra different; si j'étois ma maîtresse, je n'irois surement pas, & je resterois ici jusqu'au tems de vous revoir; je ne prévois pas encore quand ce sera, mais je sçai bien que je le desirerai sans cesse, ne pouvant jamais être heureuse qu'avec vous.*

Le surplus de la Lettre est dans le même stile.

*Je ne vous perds pas * de vûe, & le sentiment qui fait la plus grande douceur de ma vie, est celui qui me fait connoître à quel point je vous aime, n'étant pas un instant de ma vie sans vous regretter & sans me faire une idée du bonheur dont je jouirois si je vous avois toujours auprès de moi.... Je prie le Seigneur tous les jours qu'il nous mette à portée de nous faire jouir ensemble de ce que j'ai de plus beau & de meilleur.*

Il est inutile de transcrire toutes les Lettres, elles sont imprimées,

* Lettre du 10 Juil. 1730.

* Lettre ci-dessus.

* Lettre du 10 Août.
* Benoît.

* Lettre du 17 Juil. sans date d'année.

* Lettre du 21 Juil. 1730.

* Lettre du 7 Août 1730.

* Lettre du 5 Oct. 1730.

* Lettre du 9. Oct. 1730.

elles sont remplies des mêmes sentimens, la nature les a toutes dictées ; dans toutes on voit le projet d'une mere au desespoir de n'être pas avec sa fille, qui brûle du desir de se réunir avec elle, de maniere que rien ne soit capable de les separer.

Mais la Dame de Boudeville ne se borne pas au seul projet de vivre avec sa fille, elle lui fait entendre qu'elle la veut reconnoître.

Mademoiselle ★ de Saint-Jean (c'est celle qui en 1723. avoit la complaisance d'écrire pour elle & de signer, la Marquise de la Ferté,) vous offre un logement, & du reste soyez tranquille, tout ira bien, & en attendant je laisse à votre penetration à deviner plusieurs choses que l'on ne peut confier au papier.

Soyez ★ donc bien persuadée que tout ce que je fais ne tend qu'à l'idée que j'ai d'amener les choses avec la personne que vous sçavez au point de lui faire trouver bon que je vous avoue autentiquement pour la meilleure de mes amies.

Si elle avoit dit, pour vous avouer autentiquement pour ma fille, elle ne se feroit pas expliquée plus intelligiblement ; une femme n'est point obligée de prendre des mesures pour avouer autentiquement qu'une autre femme est la meilleure de ses amies. Un tel aveu n'exige point de mystere, & n'est point sujet à l'inconvenient de la contradiction, de la part d'un mari, ni d'aucun autre.

D'ailleurs, comme il a été observé dans l'Interrogatoire, un aveu autentique que la Dame de Boudeville espere faire agréer par son mari, suppose necessairement des aveus faits dans le particulier. Ils ont été précedez par toutes les autres circonstances ; c'est elle qui depuis la plustendre enfance a subi la charge de l'éducation, du mariage, de la dot, qui depuis le mariage persiste dans la même conduite. *Mademoiselle de Saint-Jean vous offre un logement.* Est-ce la Demoiselle de Saint-Jean qui en faisoit les frais? *& du reste soyez tranquille, tout ira bien.* On comprend ce que cela signifie, la Dame de Boudeville craint de ne pas s'expliquer assez intelligiblement, il s'agit de se transplanter de Bayonne à Paris, mari, femme, enfans ; *tout ira bien, & en attendant je laisse à votre penetration à deviner plusieurs choses que l'on ne peut confier au papier.* C'est mon affaire, je me charge de tout ; de quoi vous inquietez-vous? vous êtes ma fille, votre mari est mon gendre, vos enfans sont les miens, c'est à moi à vous mettre en état de subsister.

★ Lettre du 8 Avril 1729.

★ Lettre du 25 Octobre 1730.

QUATRIE'ME FAIT.

L'amitié de la Dame de Boudeville pour sa fille est une amitié de préferance sur ses autres enfans ; mais à cette amitié elle attache une condition.

Il est plus clair que le jour, que la Dame de Boudeville a une seconde fille actuellement à Calais, baptisée sous le nom de Charlotte de Sainte Maixance. On en parlera plus particulierement dans le sixiéme Fait.

Elle en parle dans plusieurs de ses Lettres. *★ Je suis dans un cahos d'affaires qui me desesperent, encore plus par rapport aux autres que pour moi-*

Page 8 du second Memoire.

★ Lettre du 6 Juin sans date d'année.

même ; j'espere pourtant que cela finira, ayant pour vous une amitié bien tendre que je me flatte que vous meriterez toujours.

La Dame de Boudeville parle ensuite de Virgine qu'elle représente avec les couleurs les plus noires, pour prouver la préference qu'elle donne justement à la Dame de Bruix.

(a) Lettre du 11 Août 1728.

Je ne (a) veux vivre que pour réparer mes fautes auprès du Seigneur, arranger mes affaires pour le bonheur des personnes que j'aime, dont vous êtes assurément à la tête, & celle qui a toujours été selon mon goût. . . . . Ce qui suit concerne encore Virgine.

(b) Lettre du 22 Novembre 1728.
(c) Elle n'étoit donc pas chez les sœurs de Tonton.
(d) Lettre du 20 Octobre 1730.

Le goût (b) naturel & de préférence que j'ai eu pour vous dès votre plus tendre enfance, (c) s'est toujours fortifié par la bonne opinion que j'ai de votre caractere.

Je sens (d) tous les jours de plus en plus, ma chere Mimi, que je ne sçaurois être heureuse, tant que je serai separée de vous, qui êtes la seule personne qui soyez selon mon cœur & mon goût.

La Dame de Boudeville a pour sa fille l'amitié la plus tendre ; on voit par un grand nombre de Lettres, qu'elle lui promet de la reconnoître, que c'est l'objet qu'elle se propose, auquel tendent tous ses désirs, mais elle ne veut pas y être contrainte ; c'est sous cette condition qu'elle continuera d'avoir pour elle les sentimens dont elle lui donne tant de témoignages.

(e) Lettre du 25 Avril sans date d'année.
(f) Lettre du 6 Juin sans date ci-dessus.

L'absence (e) & l'éloignement ne me fera pas changer de sentiment, surtout quand j'aurai lieu de croire que les vôtres y répondent. Depuis (f) deux ans que je devrois être dans l'opulence, & rendre les personnes que j'aime heureuses, je suis dans un cahos d'affaires qui me desesperent encore plus par rapport aux autres que pour moi-même ; j'espere pourtant que cela finira, & vous devez être persuadée que vous vous en appercevrez, ayant pour

(g) C'est-à-dire ne m'inquietez pas.

vous une amitié bien tendre, que je me flatte que vous meriterez toujours (g). . . . Vous me trouverez toujours remplie de bontez & d'amitié pour vous, parce que je vous ai connu des sentimens de verité que j'espere que vous ne démentirez point.

(h) Lettre du 11 Août 1728.
(i) Même induction que ci-dessus.

Je me (h) console de toutes les ingratitudes que j'ay éprouvées, en songeant que vous êtes digne de mon amitié : Plus vous me témoignez ne desirer que cela, (i) & plus je souhaite vous en donner des preuves effectives. . . . Je démêle dans vos Lettres des sentimens si raisonnables, que je ne doute pas que la pieté n'en soit le fondement, & c'est ce qui redouble ma tendresse pour vous : Je vous

(k) Langage de mere.
(l) Si la Dame de Bruix n'est pas fille de Madame de Boudeville, qu'a-t-elle à craindre ?

ai toujours connu bien de l'esprit & un bon cœur : votre (k) vivacité me faisoit craindre quelque chose ; (l) mais je vois avec bien de la joye que vous pensez aussi sensément que spirituellement, & vous pouvez être persuadée qu'avec de semblables sentimens vous me trouverez toujours telle que vous le pouvez desirer.

(m) Lettre du 22 Novembre 1728. ci-dessus.

Je fais (m) bien plus de cas des qualitez de l'ame que des agrémens personnels ; ainsi tant que vous aurez une aussi bonne conduite que celle que vous avez euë jusqu'à present, vous pourrez être sûre de me trouver telle que vous pouvez desirer.

(n) Lettre du 8 Avril 1729.

Je ne (n) fais cas que de la verité & de l'amitié desinteressée ; c'est par là que l'on peut meriter la mienne, & c'est ce qui doit vous en assurer ; parce que

je

je rends justice à vos sentimens, & tout ce qui me paroît de votre caractere augmente de jour en jour mon attachement pour vous, & tout ce qui vous appartient.

Dans cette Lettre * la Dame de Boudeville fait la comparaison des deux sœurs; elle se plaint de Virgine, de la Demoiselle de Calais.

* Lettre du 18 Septembre 1731.

L'ingratitude *de la Demoiselle de Calais est au-delà de ce qu'on peut ima-giner; je vous ferai copier la Lettre insolente qu'elle a écrite, vous en serez épouvantée, elle ne m'inspire que de la pitié; c'est le sentiment que je reser-ve aux gens qui s'écartent de ce qu'ils doivent;* * *il n'y a gueres de jours qu'il ne m'arrive de me confirmer* * *dans la mauvaise opinion du cœur humain; j'espere que Dieu vous fera la grace de conserver le vôtre dans la pureté & dans la droiture que je vous ai toujours connue; vous ferez ma felicité en ce monde, ma chere Mimi.....*

* Elle exige les devoirs de fille, & elle ne veut pas être mere.
* Excellent trait de morale, pourquoi en faire l'application à autrui?

CINQUIEME FAIT.

Le cinquiéme Fait est l'opinion dans laquelle a été la famille de la Dame de Boudeville au sujet de l'état de la Dame de Bruix, opi-nion fondée sur la conduite & sur les discours de la Dame de Bou-deville.

Si elle a avoué qu'elle étoit mere à la Dame la plus qualifiée de sa Maison, à Madame la Duchesse de Ventadour, elle n'en a pas fait mystere aux autres.

Elle écrit à la Dame de Bruix le 31 Juillet 1731. pour lui faire part de sa situation, qui étoit veritablement affligeante : elle a tant de cho-ses à lui dire, *qu'elle ne sçait par où commencer. La plus pressée, selon ce que je pense pour vous, est de vous assurer que je vous aime plus tendrement que jamais, & qu'au milieu de toutes les peines dont je suis environnée, sur tout depuis deux mois, une de mes plus sensibles a été de me trouver dans l'impossi-bilité de vous écrire.*

Eh de quelle nature étoient les peines de la Dame de Boudeville? Le Marquis de la Ferté, son fils unique, pour qui elle a sacrifié l'état de ses filles, est tombé dans l'imbecilité; il s'agit de sçavoir quel parti l'on prendra : cependant la chose la plus pressée, selon ce qu'elle pen-se, est d'assurer la Dame de Bruix qu'elle l'aime plus tendrement que jamais; au milieu de toutes les peines dont elle est environnée, sa plus sensible est de s'être trouvée dans l'impossibilité de pouvoir lui écrire. L'état de son fils est affligeant, elle en a le cœur percé de douleur; l'absence de sa chere Mimi, à qui elle n'a pû écrire, l'afflige encore davantage.

La Dame de Boudeville rend compte à sa fille de la conversation qu'elle vient * d'avoir avec Madame de Ventadour au sujet de l'accident arrivé à son fils unique, l'esperance de sa Maison, pour decider par ses conseils du parti que l'on prendra. Elle en est reçue avec des bontez au-delà de ce qu'elle en esperoit : *Elle me rend autant de justice qu'elle m'en a peu rendu il y a deux ans; elle m'a fait mille amitiez, & celle dont j'ai été la plus flattée, c'est la façon dont elle m'a parlé de vous : nous eûmes*

* La Lettre est da-tée de Versailles.

hier ensemble une conversation d'une heure, il ne fut question que de ce qui vous regarde. Je lui dis que je vous aimois de tout mon cœur, & que je ne desirois d'autre bonheur que de passer ma vie avec vous ; elle entra avec une tendresse infinie dans mes sentimens, & convint que j'étois bien malheureuse ; & si elle sçavoit tout, elle me la trouveroit encore bien davantage : mais il y a des choses qu'il faut sçavoir souffrir sans rien dire. M. de B.... * est toujours in- cognito *cazematé dans sa maison.*

* M. de Boudeville.

Qu'on reflechisse sur les faits dont Madame de Boudeville fait confidence à la Dame de Bruix, la disgrace de son fils : eh quelle disgrace ! de nature à ne point être publiée ; les mesures prises dans l'interieur le plus intime ne doivent point être secretes pour la Dame de Bruix, parce qu'elle est de la famille ; l'état fâcheux du fils redouble sa tendresse pour sa fille.

Comprenons tout le sens de la Lettre. La Dame de Boudeville se plaint du passé, se felicite du présent ; la Dame à qui elle a recours lui rend autant de justice qu'elle lui en avoit peu rendu il y a deux ans ; C'est à cette Dame à qui elle rend compte de ce qu'elle pense au sujet de la Dame de Bruix : *Nous eûmes hier ensemble une conversation d'une heure, où il ne fut mention que de ce qui vous regarde.*

La Dame de Boudeville a une conversation d'une heure, où il n'est question que de ce qui regarde la Dame de Bruix ; la Dame de Boudeville lui dit : *Je l'aime de tout mon cœur, je ne desire d'autre bonheur que de passer ma vie avec elle.*

La Dame de Boudeville a cru que la Dame de Bruix étoit niece de Tonton, née dans la plus basse domesticité. La Dame de Boudeville a marié la Dame de Bruix comme une bâtarde : la Dame de Boudeville est d'un rang si élevé, qu'elle ne daigne pas même s'informer pendant trente ans lequel de ces deux états est le vrai. Elle a une heure de conversation avec une Dame dont les momens sont chers, qui doivent être menagez, *où il n'a été mention que de ce qui regarde la Dame de Bruix.* Dans cette conversation d'une heure, la Dame de Boudeville disoit-elle : *Je ne sçai de qui je vous parle, c'est une petite fille qu'on a amenée chez moi à titre de niece de ma Femme de Chambre ; je ne lui connois ni pere ni mere, elle a été mariée comme n'ayant point de parens, je l'aime de tout mon cœur ; mon fils, l'esperance de ma Maison, étant tombé dans le plus fâcheux de tous les états, je ne desire d'autre bonheur que de passer ma vie avec cette petite fille, ou niece de Tonton, ou bâtarde.* La Dame, avec qui elle avoit cette conversation, lui auroit répondu : Il faut que vous soyez folle & bien ridicule de m'entretenir d'aussi grandes impertinences ; renvoyez la niece de Tonton ou la bâtarde d'où elle est venue. Par où se termine la conversation ? *Elle entra avec une tendresse infinie dans mes sentimens, & convint que j'étois bien malheureuse,* c'est-à-dire qu'elle a répondu à la Dame de Boudeville : *Vous n'êtes plus en état d'avoir aucune consolation d'un fils unique qui a perdu la raison, qu'il faut cacher au monde ; vous avez une fille dont vous êtes assez malheureuse pour avoir sacrifié, pour avoir immolé l'état à votre ambition, je vous plains, votre situation est cruelle.* Sur un tel sujet, qu'on dit peu de choses dans une heure ! Quel vaste champ aux reflexions ? Vous l'aimez, cette fille, vous ne desirez d'autre bonheur que de paſſer votre vie avec elle ; reconnoiſſez-là donc pour ce qu'elle eſt , rendez-lui la juſtice que la nature demande qu'en conſcience vous ne pouvez lui refuſer.

La Dame de Boudeville ne répond que par ſon ſilence, elle n'oſeroit dire le veritable motif qui l'arrête. La Lettre l'explique , rappellons le texte. *Elle entra avec une tendreſſe infinie dans mes ſentimens , & convint que j'étois bien malheureuſe , & ſi elle ſçavoit tout , elle me la trouveroit encore bien davantage ; mais il y a des choſes qu'il faut ſçavoir ſouffrir ſans rien dire. M. de B.... eſt toujours incognito cazematé dans ſa maiſon , il y a quatre jours que je ſuis ici ſans nulle inquiétude de ſes occupations.*

Que ſignifient ces termes: *On me donne des conſeils , mais on ne ſçait pas tout , parce que je ne dis pas tout. J'ai un ſecond mari , je me ſuis donné un maître ; ce n'eſt pas que j'y ſois attachée , il eſt incognito caſematé dans ſa maiſon , depuis quatre jours , je n'ai aucune inquiétude de ſes occupations.* Pour me réunir avec ma fille , pour paſſer ma vie avec elle , il faut que je faſſe un éclat ; mon mari ne ſouffrira pas cette réunion : comment parviendrai-je à concilier des interêts auſſi oppoſez?

La Lettre finit en ces termes: *Je retourne demain à Paris , où je trouverai , ſans doute , mille embarras , & peut-être en ſera-t'il ſurvenu de nouveaux ; pourvû que j'y trouve de vos nouvelles , ma chere Mignone , qui m'apprennent que vous vous portez bien , ce me ſera un plaiſir bien ſenſible ; car j-vous jure que le cœur ne me dit plus rien que pour vous. Je me ſens d'une indifference pour tout le reſte , qui paſſe l'imagination. Adieu , ma chere & adorable Mimi , comptez plus ſur mon amitié que ſur vous-même ; car je vous adore parfaitement.*

Ceci merite un redoublement d'attention. L'accident arrivé à ſon fils, dont elle a le cœur percé de douleur, *ſa conſolation eſt dans le courage & la patience que Dieu lui fait la grace de lui donner.* M. de B. lui eſt devenu indifferent, *elle eſt ſans inquiétude de ſes occupations.* Elle s'eſt entretenue pendant une heure au ſujet de la Dame de Bruix , elle ne deſireroit *d'autre bonheur que de paſſer ſa vie avec elle , le cœur ne lui dit plus rien que pour elle , elle eſt d'une indifference pour tout le reſte qui paſſe l'imagination.*

Peut-on s'y méprendre ? Eſt-il poſſible que ces termes puiſſent s'appliquer à d'autres qu'à une fille qu'on aime , qu'on a raiſon d'aimer, qu'on aime avec d'autant plus de vivacité, qu'on s'imagine être dans l'obligation d'en faire un myſtere ?

Mais voici, a-t'on dit, une ſituation bien étrange : Groſſeſſe, accouchement caché , fille baptiſée ſous des noms inconnus, fille élevée ſous le nom de Mimi ; malgré ces précautions, la Dame de Boudeville dit à une infinité de gens, c'eſt ma fille : cela ne s'entend pas, cela ne ſe comprend pas , c'eſt une fable , c'eſt un roman que vous venez debiter.

La réponſe ſera prompte. Le vrai ne paroît pas toujours vrai-ſemblable.

La reflexion a fait naître le myſtere, la nature l'a dévoilé ; elle s'eſt échappée, elle a triomphé de la reflexion : *Naturam expellas furcâ tamen uſque redibit.*

SIXIE'ME FAIT.

Ce qui concerne Virgine a été traité dans les précedens Memoires. Quoiqu'il ne s'agiffe pas de ftatuer fur fon état, puifqu'elle n'eft pas en Caufe, & que par les foins du fieur de la Broffe la Dame de Boudeville fe foit flattée d'être débaraffée pour toujours de fa fille cadette, il eft neceffaire de retoucher cet article important ; il en réfulte un affemblage de victorieux commencemens de preuves par écrit de la filiation de la Dame de Bruix.

Par l'interrogatoire de la Dame de Boudeville, la Dame de Bruix & Virgine font deux fœurs ; elle ne les a *jamais* connuës que comme étant nieces de Tonton.

Elle a mis entre ces deux fœurs une grande difference ; elle a aimé la Dame de Bruix, elle a outré pour elle la vivacité & la délicateffe des fentimens ; les expreffions dictées par le cœur, les plus touchantes, les plus énergiques font employées fans ménagement ; elle l'a préferée à tout l'Univers ; fa chere Mimi eft le feul objet qui rempliffe fon cœur, qui flatte fon bonheur, elle s'en félicite ; les graces, les vertus, les qualitez du cœur, tout l'enchante, tout la ravit ; elle trouve en elle une conformité de fentimens qui flatte fon amour propre ; l'abfence eft pour elle la plus funefte de toutes les difgraces.

Virgine n'a pas éprouvé le même fort. Virgine eft haïe avec autant d'excès, que la Dame de Bruix eft aimée ; Virgine *eft fotte, diffimulée, impertinente* ; Virgine n'aime que la canaille, Virgine ne fuit que les confeils de la maudite famille de Tonton, (Tonton n'a pas toujours été dans les bonnes graces de la Dame de Boudeville) elle détefte Virgine.

La Dame de Bruix & Virgine font deux fœurs, le fait eft vrai ; mais elles ne font pas nieces de Tonton. Le premier pas de la Dame de Boudeville a été d'étouffer la qualité de fœurs, elle ne la leur rend que pour leur donner la fauffe qualité de nieces de Tonton. Elle eft accouchée de Virgine au mois de Novembre 1706. le fait ne fera pas difficile à prouver, fa nourrice eft la femme du fieur de Ville, l'un & l'autre font vivans. Virgine eft baptifée à Saint Mery, comme fille de Louis de Sainte Maixance Sieur de la Boulaye, Capitaine de Dragons, & de Charlotte de Longpré fa femme, le pere abfent. A la vûe des deux Extraits Baptiftaires, on ne prendra jamais Marie de la Salle & Charlotte de Sainte Maixance pour deux fœurs. La Dame de Boudeville a contracté avec elles fous ces deux noms. Il n'eft donc pas vrai qu'elle ne les ait connues que comme nieces de Tonton ; elle ne font fœurs que parce qu'elles font fes filles, traitées également dans le moment de leur naiffance par la fuppreffion de leur état.

L'une & l'autre ont été dans leur premiere enfance élevées chez les fœurs de Tonton, l'une & l'autre ont été conduites à l'âge de fix ou fept ans dans la maifon maternelle. La Dame de Bruix, qui eft l'aînée, a eu l'avantage de la prédilection. La cadette, pour qui le cœur ne parloit point, a néanmoins été élevée dans la maifon de la Dame fa mere jufqu'à fon

fecond

second mariage. Elle est devenue l'objet des persecutions du Sr de Boudeville, elle n'a pû les supporter, elle s'est refugiée dans un Couvent à Melun, où Lolotte, niece de Tonton fille de la Demoiselle Mondevis, a bien voulu l'acompagner. Le Sr de Boudeville & la Dame sa femme ont été allarmez, ils ont craint l'éclat. Quel auroit été le motif de leur inquiétude, si elle eût été étrangere? Qu'auroit eu d'interessant pour la Dame de Boudeville, la retraite de la niece de Tonton dans un Couvent? Quel titre auroit-elle eu pour exiger le moindre secours de la Dame de Boudeville? Elle a recours aux voyes d'autorité, elle obtient un ordre du Roy pour la tirer de Melun, & l'éloigner de Paris. Lolotte sa compagne, niece de Tonton, est restée à Melun, Lolotte & Virgine sont traitées bien differemment. Virgine est enlevée, conduite à Boulogne-sur-Mer dans un Couvent, où elle est gardée à vûe, où toute liberté, même d'écrire, lui est interdite; la seule qu'on lui laisse est d'entrer au Noviciat, & de faire Profession. A ce prix Virgine peut tout esperer, elle est flattée, caressée, on lui promet, on lui donne, on va au devant de ce qui peut lui faire plaisir; jamais la Dame de Boudeville n'a moins plaint la dépense. Virgine se rend, ou feint de se rendre; elle demande un autre Couvent, où elle puisse librement faire des vœux après s'être éprouvée. On la conduit à Calais, sa captivité est adoucie: alors elle declare que la vie Religieuse n'est plus de son goût, elle veut être reconnue; elle écrit aux Puissances & à sa mere, elle signe la Ferté-Sennetere. La Dame de Boudeville propose des temperamens: qu'elle choisisse un Couvent, ou qu'elle se retire chez la Dame de Bruix sa sœur, avec une pension. Les alarmes de la Dame de Boudeville n'ont jamais été si vives. Le Sieur de la Brosse se charge d'accommoder l'affaire; il va à Calais, il prend sur lui la negociation, il exhorte Virgine à se contenter d'une pension viagere; il la persuade. Qu'auroit fait cette pauvre fille?

Un Acte, en forme de Transaction, eût été perilleux, le sieur de la Brosse en envisage les consequences, la Dame de Boudeville reconnoîtra avoir reçu de Virgine la somme de 13000 liv. par laquelle elle lui constituera 1300 liv. de rente viagere, & elle lui fera encore donation, à cause de l'affection qu'elle lui porte, de 500 liv. dont elle jouira après le deces de la Donatrice; il y aura une contre-lettre, qui sera déposée chez les Prêtres de Saint Lazare; en cas que Virgine fasse le moindre mouvement, elle sera privée de sa pension, elle retombera dans l'état où elle est; elle n'a aucune ressource, & comme elle n'a point de preuves, elle ne s'exposera pas à perdre sa rente viagere, qui est tout son bien, pour faire un Procès à la Dame de Boudeville. Voilà le raisonnement du Sieur de la Brosse.

Ces faits sont prouvez, ils sont écrits dans les Lettres de la Dame de Boudeville à la Dame de Bruix.

Je vois * *que vous êtes bien dans l'ignorance sur ce qui regarde Virgine, par la façon dont vous m'en parlez. Depuis les impertinences qu'elle avoit faites, j'avois eu la bonté de recevoir son repentir, & d'y ajouter foi. Elle avoit paru desirer avec ardeur de prendre le parti de se faire Religieuse, & jamais il n'y a eu en apparence une si bonne vocation pendant le temps qu'elle a demeuré dans la Maison où on l'avoit mise. D'abord elle a touché pour sa pension ou*

* Lettre du 6 Juin.

son entretien PLUS DE MILLE E'CUS, *& elle a été traitée avec tous les égards imaginables. Elle a defiré de changer de Couvent, on l'a fatisfaite, & depuis qu'elle y eft, il paroît qu'elle a changé d'intention, elle a même difcontinué de m'écrire, & depuis qu'elle y eft, je n'en ai pas oüi parler.* SI VOUS N'AVEZ PAS DE SES NOUVELLES, *c'eft qu'elle le veut pas, car elle eft en* * *toute liberté de le faire : je juge par la conduite qu'elle tient, qu'elle agit encore par les confeils de cette maudite famille* * *; elle en fera la premiere punie, & je la trouve bien fotte de n'avoir pas plutôt donné fa confiance à vous & à M. de Bruix ; & fi elle eft dégoûtée du parti qu'elle vouloit prendre, le meilleur pour elle feroit de vivre avec vous autres, en vous donnant une bonne penfion; voilà ce que je penfe, mais elle ne me met pas à portée de m'intereffer affez à elle, pour lui faire l'honneur de l'en confeiller, elle a un caractere de diffimulation que je détefte ; on peut faire des fautes par jeuneffe, & quand je connois le fond du cœur bon & vrai, je pardonne.*

* L'ordre du Roy étoit levé.

* La famille de Tonton.

Eft-ce d'une étrangere dont parle la Dame de Boudeville ? Virgine a maintenant la liberté d'écrire, elle ne l'avoit donc pas auparavant: qui a eu l'autorité de la lui ôter? Elle eft mere de Virgine, elle ne peut l'abandonner; elle fe fert de fa qualité de mere pour la perfecuter.

Virgine agit par les confeils de la maudite famille de Tonton, elle en fera la premiere punie. On voit que l'amitié pour Tonton & fa famille n'a pas toujours été égale. Tonton retirée aux Andelys, étoit alors brouillée avec fa maîtreffe ; l'affection pour Tonton n'a donc point eu de part avec ce qu'a fait la Dame de Boudeville.

Elle trouve Virgine *bien fotte* de n'avoir pas donné fa confiance à la Dame de Bruix. Le meilleur parti fera de vivre avec fa fœur, en lui donnant une bonne penfion : qui payera la penfion ? Virgine n'a rien, fera-ce Tonton?

Elle a un caractere *de diffimulation* que la Dame de Boudeville *détefte ; on peut faire des fautes par jeuneffe ; quand elle connoît le fond du cœur bon & vrai, elle pardonne.* Qui croit avoir le droit de punir, a celui de pardonner. Quelle morale dans la bouche d'une mere qui refufe de reconnoître fes filles !

Elle fait enfuite le paralelle des deux fœurs. *Voilà comme je penfe, & c'eft ce qui fait, ma chere, que vous me trouverez toujours remplie de bontez & d'amitié pour vous, parce que je vous ai connu des fentimens de verité que vous ne démentirez point.*

Le même paralelle entre les deux fœurs eft dans beaucoup d'autres Lettres, mais fuivons notre objet.

* Lettre du 18 Juillet 1729.

* Elle parle de Tonton, elle lui donne le nom de tante, elle fçavoit qu'elle ne l'étoit pas, fa conduite dévoile le myftere.

Je crois * *ne vous devoir pas laiffer ignorer que l'on a propofé à Virgine ou de l'envoyer auprès de vous, ou bien de venir avec* * *la tante aux Andelys. Elle a dit qu'elle aimoit mieux refter où elle eft. Depuis quatre ans & demi, elle a dépenfé dans fon Couvent 6400 l. encore trouve-t'elle que ce n'eft gueres. Vous pouvez juger delà quel eft fon caractere ; tant pis pour elle, car elle s'en trouvera mal, & tôt ou tard Dieu ne laiffe rien d'impuni, & n'abandonne jamais ceux qui ont le cœur droit, & qui agiffent felon de bons principes.*

La Dame de Boudeville a répondu dans fon Interrogatoire, que ce n'eft point elle qui a fait la dépenfe des 6400 liv. Pourquoi s'en plaint-elle ? pourquoi dit-elle qu'elle s'en trouvera mal? *tôt ou tard Dieu ne laiffe rien d'impuni & n'abandonne* ... Voilà encore un trait de morale chrétienne bien placé; ſon injuſtice ne la frappe point; aſſez aveugle pour menacer de la punition divine une fille malheureuſe, qui n'eſt coupable que parce qu'elle n'a pas la complaiſance de conſommer le ſacrifice qu'on exige d'elle, *elle auroit le cœur droit, elle agiroit ſelon de bons principes.*

Venons au grand fait. Virgine a depenſé dans ſon Couvent 6400 l. la Dame de Boudeville ne veut pas que cette dépenſe ait été ſur ſon compte. Les plaintes de la Dame de Boudeville ſont terminées par une Tranſaction, car quel autre nom merite l'Acte dont nous allons parler, paſſé par la mediation du ſieur de la Broſſe, qui a été lui-même à Calais pour finir cette importante affaire? l'Acte eſt du premier Avril 1732. mais comme il a été paſſé à Paris, où il ne convenoit pas de faire tranſporter Virgine, le ſieur de la Broſſe lui avoit fait ſigner le 11 Mars une Procuration, le nom du Procureur en blanc; le 18 Mars la Dame de Boudeville rend compte à la Dame de Bruix de ce grand évenement qui lui avoit cauſé tant d'inquiétudes & tant d'alarmes, & dont la fin qui aſſure ſa tranquillité, la comble de la plus parfaite ſatisfaction. *Des évenemens incroyables* * *ſe ſont joints à ma malheureuſe deſtinée; quoique très-accoutumée aux choſes les plus ſingulieres, il n'étoit pas poſſible de prévoir juſqu'où la Demoiſelle de Calais a pouſſé l'inſolence, la temerité & l'impoſture; ce fut par M. de la Broſſe que j'en fus informée, lequel avec ſon bon eſprit & ſa probité ordinaire a donné des preuves de la plus parfaite amitié; vous en ſçaurez quelque jour les circonſtances, & vous jugez bien qu'il eſt impoſſible de vous les mander; je n'ai pas vécu un inſtant tranquille juſqu'à celui où notre cher la Broſſe a reprimé pour jamais de pareilles impudences.*

* Lettre du 18 Mars 1732.

En quoi ces évenemens incroyables, qui ſe ſont joints à la malheureuſe deſtinée de la Dame de Boudeville, ont-ils conſiſté? *Incroyables.* Virgine manque de tout, elle n'a, ni titre, ni biens, ni amis, ni ſecours, du fond de ſa priſon, reléguée dans un Couvent éloigné, Virgine menace, elle intimide la Dame de Boudeville, elle la fait trembler. Elle n'a pas voulu répondre ſur cet article dans ſon Interrogatoire malgré les interpellations réiterées qui lui ont été faites.

Elle a répondu, c'eſt un fait étranger, elle l'a oublié. Virgine porte l'inſolence, la temerité, l'impetuoſité, l'impudence juſqu'à vouloir être ſa fille. Quelle injure à une Dame de la qualité de la Dame de Boudeville? auſſi en a-t-elle eu raiſon, elle en a l'obligation au ſieur de la Broſſe, il a employé *ſon bon eſprit & ſa probité ordinaire*, il lui a donné des preuves de la plus parfaite amitié. Qu'a donc fait le cher la Broſſe, cet homme intelligent, ce bon ami, avec ſon bon eſprit & ſa probité ordinaire? *Vous en ſçaurez quelque jour les circonſtances, vous jugez bien qu'il eſt impoſſible de vous les mander; je n'ai pas vécu un inſtant tranquille juſqu'à celui où notre cher la Broſſe a reprimé pour jamais de pareilles impudences,* Ces expediens qu'imagine le ſieur de la Broſſe ne ſont pas de nature à être confiez au papier. *Vous en ſçaurez quelque jour les circonſtances,* ce qui eſt ſûr, c'eſt qu'il a reprimé pour jamais l'impudence de Virgine. La Dame de Boudeville s'en felicite comme d'une grande victoire remportée ſur ſon ennemie. Virgine coupable de tous les crimes, d'inſolence, de temerité, d'impoſture, d'impudence, a-t-elle été punie ? a-t-elle été condamnée à une réparation contre une Dame de la qualité de la Dame de Boudeville ? il n'en a pas été question. La Dame de Boudeville s'est humiliée devant elle, elle lui a fait une donation dont la cause est l'affection qu'elle lui porte. Voilà à quoi le cher de la Brosse est parvenu avec son bon esprit & sa probité ordinaire. De quelle espece est ce trait de probité ? il a senti le peril, il l'a évité, il étoit important que l'Acte n'eût point l'extérieur d'une Transaction en matiere d'état, & voilà ce que produit le bon esprit, quand il est accompagné de probité, & ce qui merite toute la reconnoissance de la Dame de Boudeville. Parlons François. Le sieur de la Brosse a crû bien servir la Dame de Boudeville, il a conspiré avec elle pour enlever l'état à Virgine, mais d'une maniere délicate, imperceptible, c'est-à-dire jusqu'à la contradiction, car quand on rapprochera la Lettre du 18 Mars qui contient l'éloge du sieur de la Brosse, de l'Acte du premier Avril passé en vertu de la Procuration du 11 Mars, on reconnoîtra la conspiration & des traits qui ne peuvent trouver grace qu'aux yeux de celle qui en profite.

Elle a eu pourtant raison de s'en feliciter ; si elle a étouffé pour toujours les cris de Virgine, si elle est parvenue à se débarasser d'une fille qu'elle n'aime point, qu'elle haït, qu'elle déteste, elle n'a jamais tant gagné. Triste victoire ! malheureux triomphe, que sa conscience lui reprochéra, jusqu'à ce qu'elle ait rétabli Virgine dans les droits que le sang lui donne, & que les expediens imaginez par le sieur de la Brosse n'ont pû lui enlever legitimement.

N'oublions pas, en finissant cet article, d'ajouter que la Dame de Boudeville, autorisée de son mari, n'a pas traité avec la niece de Tonton. Virgine est baptisée sous le nom de Charlotte de Sainte-Maixance, c'est le nom qui lui a été donné dans les Actes, on a joint au nom de Charlotte celui de Virgine. Ainsi quand la Dame de Boudeville a dit dans son Interrogatoire que Mimi & Virgine sont les nieces de Tonton, qu'elle n'a jamais connu les deux sœurs que comme nieces de Tonton, elle n'a pas dit vrai, elle a parlé contre sa conscience : elle a contracté en 1723. avec la Dame de Bruix sous le nom de Marie de la Salle, & en 1732. avec Virgine sous le nom de Charlotte-Virgine de Sainte-Maixance ; elle n'a pas ignoré sous quels noms elles ont été baptisées, Virgine en 1732. n'en avoit pas même connoissance ; c'est la Dame de Boudeville qui avoit supposé ces noms, pour cacher les veritables.

Virgine n'est pas en cause, mais elle est sœur de la Dame de Bruix : l'aînée prouve son état en établissant celui de sa sœur cadette.

SEPTIE'ME FAIT.

Le septiéme Fait est la conduite du sieur de Boudeville à l'égard des deux filles du premier lit de la Dame sa femme.

On a vû de quelle maniere il en a usé avec la cadette dont il n'ignoroit pas l'état ; il a autorisé la Dame de Boudeville lors de la donation du premier Avril 1732. mais comme elle étoit cordialement haïe par la Dame sa mere, il n'y a point eu à ce sujet de contradiction entre le mari & la femme.

La Dame de Bruix étoit plus à craindre, elle étoit tendrement aimée; si en tout tems (le sieur de Boudeville, absent comme present) la fille, le mari, les petits-enfans, ont la libre entrée chez la Dame de Boudeville, le sieur de Boudeville en envisage & en craint les suites; quand il est present, ils n'osent se presenter; quand il est absent, il est obligé de souffrir ce qu'il ne peut empêcher.

La Dame de Boudeville souffre de cet état violent, mais jusqu'à ce qu'elle obtienne cette grace du Sr de Boudeville elle n'ose reconnoître que la Dame de Bruix est sa fille, elle s'arme de complaisance ; *tout ce que je fais ne tend qu'à l'idée d'amener les choses avec* LA PERSONNE QUE VOUS *SÇAVEZ au point de lui faire trouver que je vous avoue autentiquement pour la meilleure de mes amies. J'ai peut-être bien des épreuves à passer pour en venir là, mais ce qui me rassure c'est que dans le fond son caractere est bon, il respecte la vertu, & si une fois la vôtre pouvoit lui être connue, il vous adoreroit autant que moi.*

J'attendois ★ *de moment à autre,* L'ARRIVE'E DE QUI VOUS SÇAVEZ, *il s'en va chez sa mere, il ne parle point de son retour. Si j'avois pû prévoir cela, je vous assure que j'aurois passé ces deux mois-là avec vous, & que je regrette infiniment un tems qui m'auroit comblée de joye, au lieu que je ne vis que dans des regrets de vous avoir perdue.*

Dans la Lettre du 19 Septembre 1730. elle ne regrette & ne souhaite que sa chere Mimi : *La personne que vous sçavez est arrivée depuis deux jours, il est de la meilleure humeur du monde . . . . on ne m'a pas dit un mot de vous, mais la douceur que je retrouve dans l'humeur me donne lieu d'esperer qu'avec le tems je pourrai parvenir à ce que je souhaite, & pour y réussir je sacrifierai la répugnance que j'ai de revoir ce frere si cheri.*

La bonne humeur du sieur de Boudeville n'est pas de longue durée. *Malgré la* ★ *douceur d'humeur de la personne que vous sçavez, je trouve dans sa façon de penser, d'agir & de parler si peu de conformité avec mon caractere, que je suis toujours en garde pour éviter des scenes qui ne laissent pas quelquefois d'arriver, & c'est toujours à l'occasion de ce frere si cheri, pour lequel je ne pourrois revenir en apparence qu'aux conditions de vivre avec vous dans les circonstances que je veux : voilà quel est le but où j'aspire, & rien ne me coutera pour y parvenir.*

Je vous dirai ★ *tout naturellement que je commence à me déplaire beaucoup ici, parce que la personne que vous sçavez est revenuë dans son humeur ordinaire....*

Eh quelles sont les causes de la mauvaise humeur du sieur de Boudeville ? l'interêt, la crainte que la Dame de Boudeville, entraînée par les mouvemens de son cœur, ne reconnoisse sa fille. Combien auroit-il été plus convenable & plus honnête au sieur de Boudeville d'écarter luimême les obstacles qui arrêtoient le cours de la nature ? il seroit devenu l'ami, le protecteur, l'Ange tutelaire d'une famille malheureuse; que de larmes, que d'inquietudes il auroit épargnées à la Dame de Boudeville! Devoit-il laisser échapper une occasion si précieuse de lui donner cette marque signalée de sa reconnoissance? Que ne lui doit-il pas? elle l'a comblée de biens, elle lui a facilité l'entrée aux honneurs, dont cer-

F

★ Lettre du 25 Octobre 1730. qu'il faut reprendre.

★ Lettre du 7 Août 1730. qu'il faut aussi reprendre.

★ Lettre du 20 Octobre.

★ Lettre du 18 Novembre.

tainement il eſt digne , mais qu'il eſt quelquefois plus facile de mériter que d'obtenir.

Que n'a point fait la Dame de Boudeville pour le flechir? n'allons pas plus loin , les Lettres diſent tout ; les charger d'un Commentaire , ce ſeroit en affoiblir l'énergie.

HUITIE'ME FAIT.

La nature a été ſacrifiée à l'ambition ; les mâles dans les grandes Maiſons ſont preferés aux filles ; la Dame de Boudeville a voulu encherir , elle n'a point voulu reconnoître ſes filles ; l'avancement de ſon fils a été ſon objet unique.

Qu'on ne nous diſe pas , les femmes de qualité ont des manies. La Dame de Bruix n'a pas été pour la Dame de Boudeville l'objet d'un ſimple amuſement ; elle ne s'eſt pas bornée à l'orner , à la parer , elle n'a rien négligé dans ſon éducation , elle a cultivé ſes talens; en lui refuſant le nom de la Ferté , elle a voulu la rendre digne de le porter.

Elle avoit une fille cadette ; elle n'a pû ſe réſoudre à perdre de vûe ni l'une , ni l'autre , quoiqu'elle n'eût pas pour cette cadette les mêmes bontés que pour l'aînée.

Sa conduite avec les deux ſœurs eſt une premiere preuve que ſon objet principal étoit l'avancement de ſon fils.

Veut-on une ſeconde preuve ? l'accident arrivé à ſon fils a redoublé ſa tendreſſe pour la Dame de Bruix, les projets de ſon ambition déconcertez ont donné aux mouvemens de la nature une nouvelle vivacité ; avant ce malheur elle aimoit la Dame de Bruix , elle lui en donnoit des marques , elle ſe reprochoit ſon injuſtice , elle ſe repreſentoit ſes obligations , elle travailloit à arranger ſes affaires , *pour ſe mettre en ſituation,* diſoit-elle myſterieuſement , * *de contribuer au bonheur des perſonnes que j'aime ; ſoyez ſûre , ma chere , que vous êtes du nombre.*

*Je ſuis * embaraſſée de tant d'affaires préſentement que je ne peux faire ce que je ſouhaite le plus, mais ſoyez ſûre que dès que ma ſituation ſera plus tranquille , j'adoucirai la vôtre.*

*La * tendreſſe infinie que je reſſens pour vous , me répond de la vôtre , ainſi, ma chere Mignonne , je me conſole de toutes les ingratitudes que j'ai éprouvées, en ſongeant que vous êtes digne de mon amitié : plus vous me témoignez ne deſirer que cela , & plus je ſouhaite vous en donner des preuves effeĉtives... Je ne veux vivre que pour réparer mes fautes auprès du Seigneur , arranger mes affaires pour le bonheur des perſonnes que j'aime , dont vous êtes aſſurément à la tête , & celle qui a toujours été le plus de mon goût..... Votre vivacité me faiſoit craindre quelque choſe , mais je vois avec bien de la joye, que vous penſez auſſi ſenſément que ſpirituellement.*

Le ſurplus de la Lettre concerne Virgine.

*Pour * que celle-ci vous ſoit renduë , je l'adreſſe à Paris à Mademoiſelle de S. Jean , de qui je ſuis ſûre comme de moi-même , * & c'eſt aſſurément la ſeule amie fidelle que j'aye trouvée dans le monde : elle ne m'a pas plûtôt informée de la commiſſion que vous lui avez donnée , que je l'ai priée de la faire chez Maſſe ſur mon compte ; j'y ai joint encore une robe de chambre que je*

* Lettre du 25 Avril ſans date d'année.

* Lettre du 21 Janvier ſans date d'année.

* Lettre du 11 Août 1728. qu'il faut reprendre.

* Lettre du 22 Novembre 1728.
* C'eſt la Demoiſelle de Saint Jean qui a porté la complaiſance juſqu'à écrire pour la Dame de Boudeville , & à ſigner ſon nom.

n'ai portée qu'une heure , dont les couleurs conviennent à votre âge , & point du tout au mien , cela ne mérite pas un remerciement , la tendresse que j'ai pour vous vous mettra à portée de m'en faire à de plus justes titres. … Le goût naturel & de préference que j'ai eu pour vous dès votre plus tendre enfance s'est toujours fortifié par la bonne opinion que j'ai de votre caractere. … tant que vous aurez une aussi bonne conduite. … Quand * je relis vos Lettres , ce qui m'arrive fort souvent , il me semble que je les ai dictées. …

* Lettre du 25. Janvier 1729.

Ce qui suit concerne Virgine, & la préférence qu'elle donne à la Dame de Bruix.

Elle mande, qu'elle s'est entretenuë tout le jour avec Belleconche sur ce qui regarde la Dame de Bruix , qui sçait ses intentions , & qui les mettra à exécution aussi-tôt certains arrangemens.

Le Marquis de la Ferté n'étoit pas encore dans l'état fâcheux où il a eu le malheur de tomber, mais on commençoit à découvrir que sa raison se dérangeoit.

Alors la Dame de Boudeville déchuë de ses esperances , forma le projet de se réünir avec sa fille , de la reconnoître , & l'auroit executé, si elle n'avoit pas été traversée par le Sieur de Boudeville.

La Dame de Bruix étoit à Bayonne, la Dame de Boudeville lui mande, * qu'elle ne peut se dispenser de venir à Paris , que la Demoiselle de Saint Jean lui offre un logement, que du reste elle soit tranquille , que tout ira bien. Les termes de la Lettre ont été ci-dessus rapportés : Je remets à ce tems à vous faire connoître tout ce que je pense , & en attendant , je laisse à votre pénétration à deviner plusieurs choses que l'on ne peut pas confier au papier.

* Lettre du 8. Avril 1729.

L'état du Marquis de la Ferté devient pire de jour en jour , la tendresse de la Dame de Boudeville devient plus forte ; elle presse son mari de lui laisser la consolation de vivre avec sa fille ; la Dame de Bruix étoit encore à Bayonne ; c'est * dans ce tems, que sa tendresse ingenieuse lui fait imaginer que sa santé exige les eaux de Bannieres, qui n'est qu'à trente lieuës de Bayonne. Après avoir tenté bien des remedes , il n'est pas impossible qu'on n'en vienne à celui-là , c'étoit le moyen de me faire goûter du plaisir dans mes maux , puisqu'il est bien vrai , ma chere Mimi , QU'IL N'EN EST POINT QUE VOTRE PRESENCE NE ME FIST SUPPORTER AVEC JOYE , VOUS AIMANT TOUS LES JOURS DE PLUS EN PLUS , ET NE DESIRANT POUR TOUTE FELICITÉ DANS LE MONDE QUE CELLE DE PASSER MES JOURS AVEC VOUS.

* Lettre du 21. Juillet 1730.

Par qui cette félicité peut-elle traversée ? On va le connoître.

Je ne perdrai pas un moment de vûë cette idée, & vous pouvez compter que toute ma conduite avec qui vous sçavez , sera fondée sur ce principe , n'ayant que vous pour objet qui puisse satisfaire les sentimens de mon cœur.

Ajoutons les Lettres du 19 , du 22. Septembre , du 5 , du 9 & du 20. Octobre 1730.

Quel bonheur pour elle , si la Dame de Bruix étoit à portée de ne la jamais quitter ? Pour y réüssir elle sacrifiera la répugnance qu'elle a de revoir le frere de son mari : Ma chere Mimi , reposez-vous sur moi dessus ce qui vous regarde , car je vous adore plus que je ne peux vous le dire.

Sa santé est bonne : J'espere que Dieu nous fera la grace d'en joüir ensemble peut-être plûtôt qu'il n'y a d'apparence.

Je ne prévois pas encore quand ce sera, mais je sçai bien que je le désirerai sans cesse, ne pouvant jamais être heureux qu'avec vous.

Je ne suis pas un instant de ma vie, sans me faire une idée du bonheur dont je joüirois, si je vous avois toujours auprès de moi.

Dans la Lettre du 20. Octobre, elle revient au frere de son mari, pour lequel je ne pourrai revenir en apparence, QU'AUX CONDITIONS DE VIVRE AVEC VOUS DANS LES CIRCONSTANCES QUE JE VEUX.

Lettre du 25. Octobre 1730.

Je trouve * tant de conformité de penser avec vous, que de loin comme de près il me semble que vous êtes au fait de tout ce qui se passe dans mon ame, & je crois lire aussi dans la vôtre, c'est ce qui me soutient contre une absence qui me désespere, & à laquelle je sens bien que je ne m'accoûtumerai jamais, quand j'aurois d'ailleurs toutes les satisfactions imaginables.

La suite de la Lettre a été rapportée dans le fait précédent, où elle a parlé de l'esperance de flechir son inéxorable mari.

Lettre du 5. Decembre 1730.

Vous * êtes l'unique objet de ma consolation, & si je l'ose dire, de ma peine qui sera perpetuelle, tant que je serai separée de vous.

Lettre du premier 1731.

Ma chere * Mimi, jugez de mon inquiétude, & convenez que nous sommes destinées par la sensibilité de notre cœur à mener une vie bien agitée jusqu'à ce qu'il ait plû au Seigneur de nous rassembler.

Lettre du 13. Janvier 1731.

La Dame de Bruix est la seule qui puisse faire sa consolation en cette vie, parce que votre cœur est seul digne du mien, & je ne vois de toutes parts qu'indignités & des procedés qui font horreur : sans trop m'expliquer, je suis sûre que vous m'entendez, & que de loin vous lisez dans mon cœur une partie de ce qui s'y passe : si j'avois pû prévenir les circonstances présentes, je vous assure, que je n'aurois jamais consenti à votre départ pour Bayonne, je ne songe qu'à vous en voir revenir.... Depuis ce funeste moment, ma chere Mimi, je n'ai vécu que de douleurs & de regrets de vous avoir perdue ; je vous aime encore plus, s'il est possible, que je ne vous aimois, & je sens que ma vie est attachée au bonheur de vous voir, du moins, si ce n'est pas de la façon que je voudrois, ce sera le plûtôt que je pourrai.

Terminons ceci par la Lettre du 31 Juillet 1731. dont il a été parlé sur l'article qui concerne l'opinion de la famille & la maniere dont elle a pensé sur l'état de la Dame de Bruix, à qui la Dame de Boudeville rend compte de la conversation qu'elle vient d'avoir avec Madame la Duchesse de Ventadour, & certainement jamais sujet ne fut plus interessant ; on y reconnoît une mere dont le cœur déchiré par l'ambition avoit été partagé entre son fils & sa fille, qui n'espere plus rien de son fils, qui n'a de consolation que dans sa fille, qui demande conseil, qui applaudit au conseil qui lui est donné par une Dame de la plus haute consideration, à qui elle a l'honneur d'appartenir. Mais la Dame de Boudeville n'ose pas tout dire, elle s'est donné un maître qui ne lui permet pas de faire ce qu'elle voudroit.

On a eu l'attention de la part de la Dame de Boudeville, de ne pas s'engager dans le détail de ses Lettres, que la Dame de Bruix n'a pû se dispenser de rendre publiques.

On n'a répondu qu'en general.

Est-ce ainsi qu'une mere parle à sa fille ? y reconnoît-on ce caractere de superiorité qui convient à une mere ? la Dame de Boudeville est extrême, elle use du même stile quand elle écrit à ses amies, il

n'y

n'y a qu'à lire les Lettres qu'elle a écrites à la Demoiselle de Saint-Jean, en concluera-t-elle que la Demoiselle de Saint-Jean est sa fille?

Ces objections sont si foibles, qu'à peine meritent-elles qu'on s'y arrête.

Les meres en écrivant à leurs filles, ne sont pas obligées de faire un grand étalage de leurs sentimens. Mais il faut considerer quel est l'état de la Dame de Boudeville, elle est mere d'une fille dont elle se croit obligée de laisser l'état dans une incertitude également fâcheuse pour l'une & pour l'autre. La Dame de Boudeville cherche dans le fond de son cœur des expressions pour rassurer, pour calmer sa fille, pour se calmer elle-même. La Dame de Boudeville ne fait pas tout ce qu'elle voudroit, pour dédommager sa fille qu'elle aime ; la Dame de Boudeville dépend d'un mari fâcheux, elle a de la douleur, & comme elle a beaucoup d'esprit, sa douleur est éloquente, & accompagnée de l'air de superiorité qui est dans les Lettres d'une mere à sa fille.

Il y a de l'absurdité à supposer que c'est de cette maniere qu'elle écrit aux personnes qu'elle aime. Qu'on lise les Lettres écrites à la Demoiselle de Saint-Jean, on trouvera entre ces Lettres & celles qui sont écrites à sa fille, une extrême difference.

Dans la premiere * des Lettres écrites à la Demoiselle de Saint-Jean, la Dame de Boudeville commence par un compliment. *La bonté de votre cœur, ma chere bonne amie, vous expose toujours à des peines infinies.* Ce sont des graces qu'elle lui demande, pour qui ? pour la Dame de Bruix. *Et je suis sûre que c'est avec plaisir que vous voudrez bien en prendre pour la pauvre Mimi : vous recevrez incessamment la clef de la chambre de Mademoiselle Guillement, où vous trouverez celle de l'armoire de mes habits, vous aurez la bonté de prendre la robe que vous sçavez que je lui avois destinée . . . Et après d'autres commissions qu'elle lui donne, elle ajoute : Sçachant par une longue experience combien vous êtes charmée d'obliger vos amies en évitant toujours le droit de represailles . . . il n'y a personne qui vous aime si veritablement.*

* Lettre du 8 Oct.

Voilà des termes affectueux qui marquent la reconnoissance des peines que la Demoiselle de Saint-Jean veut bien prendre, sans y être obligée, pour la Dame de Boudeville.

*J'ai reçu * aujourd'hui une Lettre de Bayonne, par laquelle on me mande que l'on part le 24 qui est demain, quand elle sera arrivée je vous la recommande, & surtout de la mettre au fait des raisons qui m'empêchent de l'avoir chez moi, * quand M. de Bou . . . . y sera. Adieu, ma chere bonne amie, aimez-moi toujours, & comptez sur moi à la vie & à la mort.*

* Lettre du 23 Oct.

* Ceci est clair; ce n'est plus qui vous sçavez.
* Lettre du 8 Novembre 1729.

*De toutes les * marques d'amitié que j'ai reçûes de vous, ma chere bonne amie, il n'y en a point de si sensible pour mon cœur que celles qui regardent les soins & les bontez que vous voulez bien avoir pour ma chere Mimi.*

La Cour est suppliée de prendre la lecture du surplus de la Lettre, on jugera s'il a été prudent à la Dame de Boudeville de se faire une objection des Lettres écrites à la Demoiselle de Saint-Jean.

NEUVIÉME FAIT.

Conduite de la Dame de Boudeville depuis l'action intentée.

G

Jamais femme n'a tant étudié le grand art de diffimuler la verité, mais il faut l'avouer, l'execution n'a pas fuivi, fon entreprife étoit au-deffus de fes forces, le mafque tomboit à tous momens, elle vouloit le reprendre, il lui échapoit, fon bon cœur la trahiffoit, elle s'indignoit contre elle-même, les troubles dont elle étoit agitée, fes inquiétudes, fes remords travailloient à la rendre innocente, & par un dernier miracle de la nature, qui ne s'éloigne jamais de la verité qu'à regret, elle a tenu la même conduite depuis le Procès, elle a fourni à fa fille de nouvelles armes.

Son moyen dans fes défenfes eft qu'elle n'a *jamais* connu la Dame de Bruix, *jamais*, que comme étant la niece de Tonton. Elle a repeté le même fait dans plufieurs articles de fon Interrogatoire; la Dame de Bruix & Virgine font deux fœurs, nieces de Tonton: c'eft l'unique état qu'elle leur donne.

Il eft prouvé qu'elle n'a pas dit vrai; jamais Tonton n'a dit, ni penfé, ni prétendu que la Dame de Bruix & Virgine qui font deux fœurs, fuffent fes nieces. Les fœurs de Tonton qui les ont élevées jufqu'à l'âge de fix ou fept ans, & Brunier leur frere, n'ont jamais eu cette idée.

La Dame de Boudeville n'y perfifte plus. Sa reffource prefente eft que Tonton l'a trompée, elle n'en a rien dit, ni dans fes défenfes, ni dans fon Interrogatoire. La Dame de Bruix eft maintenant Marie de **la** Salle: voilà des contradictions qu'il eft impoffible de concilier.

Cependant la fource de fes bontez dans tous les tems, eft la qualité de niece de Tonton: la fource auroit dû tarir avec l'affection qu'elle a eue pour Tonton: lors du mariage de la Dame de Bruix, Tonton n'étoit plus chez la Dame de Boudeville, elle avoit encouru fon indignation; dans la Lettre du 6 Juin elle fe plaint que Virgine ne fe conduit que par les confeils de cette déteftable famille, Tonton n'eft rentrée en grace qu'en 1729.

A propos * *de cela, je vous dirai que j'ai reçû la pauvre Tonton, elle vint il y a quelque tems à Paris, elle me fit demander la permiffion de venir fe jetter à mes pieds, je la lui accordai fans peine. Tonton m'a fait cent queftions fur vous, elle vous aime à la folie, vous la comblerez de joye de lui écrire un petit mot fur la grace que je lui ai faite. . . . .*

Croyoit-elle alors que la Dame de Bruix étoit niece de Tonton?

Quand il a été queftion en 1723. du mariage de la Dame de Bruix, il n'a été parlé de Tonton que dans les fauffes dépofitions de Brunier, de Belleconche & Benoift; ce qu'ils difent eft incompatible avec la qualité de niece de Tonton. La Dame de Boudeville a fait le 29 Juin 1723. une donation à la Dame de Bruix fous le nom qu'on venoit de lui faire prendre, au moment, où l'Extrait baptiftaire, dont feule elle avoit connoiffance, avoit été levé.

Cependant en 1736. dans fes défenfes, dans fon Interrogatoire, la Dame de Bruix n'eft point Marie de la Salle, la Dame de Boudeville ne l'avoit jamais connue que comme niece de Tonton.

La même qualité eft donnée à Virgine, avec laquelle dans l'Acte du premier Avril 1732. la Dame de Boudeville a contracté, fous le nom de Charlotte-Virgine de Sainte-Maixance.

La qualité de niece de Tonton étant détruite, il en résulte que toutes les dépenses de l'éducation de la Dame de Bruix, que la Dame de Boudeville met sur le compte de Tonton, ne sont pas vraies; ses gages, ses profits n'y auroient pas suffi; la Dame de Bruix lui étoit étrangere.

Sur le vingt-neuviéme article, *si elle n'a pas donné à la Dame de Bruix tous les Maîtres qu'il convient de donner aux Demoiselles de qualité.*

A dit qu'elle ne lui en a donné aucun, & que c'étoit la Tonton.

Interrogée d'office, si elle ne fournissoit pas de l'argent à la Tonton pour payer les Maîtres.

A dit que non.

Nous ne nous arrêtons qu'aux faits dont il y a preuve par écrit, contraires aux réponses de la Dame de Boudeville: elle n'a pas été plus sincere dans les autres.

Dans un grand nombre d'articles, la Dame de Boudeville a nié la contradiction qui a été entr'elle & le sieur de Boudeville, qui ne vouloit pas, quand il étoit present, recevoir chez lui les Sieur & Dame de Bruix, le fait est écrit dans les Lettres; mais comme dans plusieurs, le sieur de Boudeville n'est désigné que par les termes, *la personne que vous sçavez, qui vous sçavez,* la Dame de Boudeville a dit que ce n'étoit pas de lui dont elle avoit entendu parler. Quoique quelques-unes des Lettres lui ayent été representées, les interpellations réiterées qui lui ont été faites, à la suite de l'article 37 de son Interrogatoire, manifestent le dessein le plus marqué de ne pas dire la verité; car après s'être tournée & & retournée, pour éluder la demande, le Commissaire insistant toujours, *si ce n'est pas du sieur de Boudeville dont elle entend parler? A dit que non.*

A l'Audiance il a fallu changer de langage, avouer le fait nié avec serment par la Dame de Boudeville, & imaginer des prétextes, autres que le vrai, pour justifier la répugnance du sieur de Boudeville, qu'il n'auroit point eu, si l'état de la Dame de Bruix ne lui eût pas été connu.

Sur l'article de Virgine, la Dame de Boudeville a outré les dénegations; ce n'est point elle qui a dépensé les sommes dont elle se plaint dans les Lettres, quoiqu'elle n'ait pas osé nier la donation du premier Avril 1732.

Quand on lui a representé la Lettre du 18 Mars 1732. la Dame de Boudeville a été totalement déconcertée.

Quels sont les évenemens incroyables dont il est parlé dans la Lettre?

C'est un fait étranger.

Quelles sont les circonstances que la Dame de Bruix sçaura quelque jour, qu'elle juge bien qu'il est impossible de lui mander, qui sont telles qu'elle n'a pas vécu un instant en tranquillité jusqu'à ce moment?

A dit qu'elle les a oubliées.

Quel a été l'expedient qu'elle dit que le sieur de la Brosse a imaginé pour reprimer pour jamais de pareilles impudences?

C'est une chose étrangere à la question.

En quoi ont consisté ces impudences?

A dit qu'elle a répondu.

Si la personne dont elle parle n'est pas sa fille, pourquoi a t'elle été alarmée au point qu'elle le témoigne.

A dit qu'elle a répondu.

Voici un étrange contraste ; la Dame de Boudeville, à la vue de la Lettre du 18 Mars, n'ose plus désavouer Virgine pour sa fille, Virgine qu'elle hait, qu'elle déteste.

C'est un fait étranger.

Comment ce fait est-il étranger, s'il est vrai que la Dame de Bruix & Virgine ont deux sœurs ?

Quel est le principe des alimens fournis à Virgine, & des bienfaits dont elle ne peut nier avoir comblé la Dame de Bruix ? C'est Tonton.

Tonton n'est point leur tante, on n'ose plus le dire, & on avoue par conséquent que la Dame de Boudeville a tout fait, & n'a pas dit la vérité.

Mais elle a donné à la Dame de Bruix uniquement parce qu'elle l'aimoit ; il ne faut plus remonter au principe de l'amitié, on aime parce qu'on aime, le cœur n'a point de compte à rendre de ses sentimens.

Mais elle a donné à Virgine : il faudra dire qu'on donne à ce qu'on hait : l'affection est le motif de la donation, le motif est faux, il faut en chercher un autre, elle déteste Virgine ; Virgine à qui elle donne, a t'elle mérité ces bienfaits par l'insolence, par l'imposture, par l'impudence, par l'ingratitude ? Voilà d'étranges titres pour s'attirer des libéralités.

Après l'exposition des faits, qui, approfondis conduisent à la preuve de la maternité niée par la Dame de Boudeville, il semble qu'il faudroit passer à la réfutation des objections.

Il est difficile d'en imaginer de solides, même qui ayent la moindre apparence ; mais quoique l'éloquence ait de grandes ressources, elle ne séduit que ceux qui ne veulent pas laisser le tems à la réflexion. On est ébloüi sans être convaincu, le faux brillant disparoît à l'aspect de la verité, elle est seule digne de nos recherches. La Dame de Boudeville a évité devant les premiers Juges l'écueil de l'impression : elle se reservoit le droit d'imaginer un nouveau plan, elle n'a pû y parvenir. Un Memoire, attendu depuis long-tems, paroît enfin ; la Dame de Bruix n'y répondra que pour profiter des nouveaux avantages qu'elle y trouve ; écrit dangereux qui trace aux pères & aux meres la regle de leur conduite, quand ils se porteront à l'extremité cruelle de désavouer leurs enfans.

En voici la substance. On y propose au lieu de principes, des paradoxes contraires à l'humanité, dont on croit trouver la source dans l'Ordonnance de 1667. Avant cette Loi, qui a applani les questions d'état, la chose eût été difficile, prenez la précaution de faire baptiser vos enfans sous un nom étranger : il en coûte à la nature pour faire cette première démarche ; mais ne soyez point effrayés, rassurez-vous, vous les ferez nourrir à votre porte si vous voulez, ou, quand ils sortiront des bras de leur nourrice, vous n'avez qu'à les envoyer au loin ; vous pouvez même les recevoir dans votre maison, ayez seulement l'attention qu'ils ne portent pas votre nom, il en resulteroit une possession d'état qui dérangeroit toutes vos mesures. Ces opérations ne peuvent s'accomplir sans que quelqu'un qu'un n'entre dans la confidence ; ne craignez rien encore, les enfans n'auront pas la liberté de les faire entendre ; ce que vous ferez pour satisfaire aux mouvemens de la nature pourra être imputé à charité, à bonté, à générofité. Ne peut-on fecourir les malheureux fans être leur pere ? la loi nouvelle vous mettra à l'abri de toutes les fuites.

La fuppreffion d'état eft pourtant un crime, il n'eft plus permis de l'approfondir.

À la fuite de ces regles on defcend à l'application.

La Dame de Bruix n'a point de titre, tout autre titre qu'un Extrait baptiftaire tiré des Regiftres publics, lui eft interdit. Autrefois on difoit que la filiation s'établiffoit *per denominationem, tractatum & famam.* Autre tems, autres mœurs. La Dame de Bruix n'a point porté le nom de la Ferté. La Dame de Bruix a un Extrait baptiftaire dans lequel elle eft nommée Marie de la Salle, c'eft fous ce nom qu'elle a été mariée & qu'elle a contracté, elle a donc un titre & une poffeffion contraires à l'état qu'elle reclame, elle eft non-recevable. Mais l'Extrait baptiftaire, le contrat de mariage, les Actes qu'on lui oppofe, tout eft l'ouvrage de la Dame de Boudeville ; c'eft elle qui a tout fait, & les précautions qu'elle a prifes l'ont trahie. Peut-elle fe faire une barriere de ce qu'elle a imaginé & pratiqué pour enlever l'état à fa fille qui étoit mineure, qui vivoit dans fa dépendance, fous la loi d'une mere qui l'aimoit, mais imperieufe, & que la plus legere contradiction précipitoit dans des emportemens qui la mettoient hors d'elle-même ? Quelles auroient été les reffources de la Dame de Bruix ? La Dame fa mere ne lui faifoit pas dans le particulier un myftere de fon état, mais l'auroit-elle avoué publiquement ? La Dame de Bruix étoit nue & défarmée, il a été facile de la vaincre. Le champ de bataille eft demeuré à la Dame de Boudeville, & à fes gens d'affaires. Cela fuffit, l'état eft le plus précieux de tous les biens, le feul qui non feulement, quand les mefures ont été bien prifes, ne peut plus être reclamé, mais encore qui expofe les enfans, qui fe plaignent, à qui il a été enlevé, à l'indignation des Juges & à la févérité de la Loi. Il faut vanger les peres & les meres, quoique coupables, il faut punir les enfans, quoiqu'ils foient innocens. Voilà l'abregé des Moyens du nouveau Memoire. La réponfe ne fera pas longue, ni difficile, & ne fe fera pas attendre.

M. GUILLET DE BLARU, Avocat

E R R A T A.

Page 8. *ligne* 5. en confequence, il affifte, *lifez*, en confequence il affifte
Ligne 6. du premier du 2 Juin, *lifez*, du premier & du 2 Juin
Ligne 7. mêmes prifes, *lifez*, mefures prifes
Page 16. *ligne* 16. flatte, *lifez*, faffe
Page 27. *ligne* 11. contraire, *lifez*, contraires

De l'Imprimerie de la Veuve D'ANDRÉ KNAPEN, au bas du Pont Saint Michel, au bon Protecteur, 1747.

MEMOIRE

POUR les Sieur & Dame DE BRUIX, Intimez.

CONTRE la Dame Marquise de Boudeville, Appellante.

Seconde Partie contenant la refutation du Memoire de Madame la Marquise de Boudeville.

L A bonne cause gagne toujours à être approfondie ; la contradiction est une ressource pour la verité, on ne la combat point impunément. C'est l'avantage que la Dame de Bruix a esperé du Memoire dont elle étoit menacée depuis long-tems, qu'elle avoit raison d'attendre avec impatience. Il paroît enfin, & malgré tout l'art qui y regne, elle y trouve de nouveaux moyens qui donnent un nouveau degré de force & d'évidence à ceux qui jusqu'ici ont été pour elle proposez.

La demande de la Dame de Bruix tend à recouvrer son état. La Dame de Boudeville lui répond qu'elle est coupable d'ingratitude & d'imposture, & que condamnée par sa naissance à l'obscurité, comblée de ses bienfaits, parce qu'elle a toujours crû qu'elle étoit niece de sa Femme de Chambre, elle ne doit pas aspirer à l'honneur d'être sa fille.

La Dame de Bruix est innocente ou criminelle : elle est innocente si elle reclame un état qui lui appartient, qui lui a été ravi au moment de sa naissance, & que les Actes qu'on lui oppose pendant sa minorité n'ont pû lui enlever, car elle n'a passé aucuns Actes en majorité, & dans une question où il s'agit de l'état, ils ne pourroient lui préjudicier, mais il n'est pas permis de changer les faits : c'est un ornement que la Dame de Boudeville auroit dû retrancher de sa cause.

La Dame de Bruix est coupable & digne de punition, si elle joint l'imposture à l'ingratitude. Il n'est pas plus permis d'aspirer à un état que l'on n'a pas, que de vouloir abdiquer l'état dont on est redevable à la nature ; chaque citoyen doit demeurer dans celui où la Providence l'a placé ; ces regles sont dictées par la raison ; entreprendre de les violer est un crime.

Comment donc peut-on prétendre qu'une cause de l'importance de celle-ci ne doit pas être approfondie ? L'exception moderne, imaginée de nos jours dans les questions d'état, est une illusion aussi capable de

A

mettre l'impofture à couvert des peines qu'elle merite, que de faire à la nature le plus fanglant de tous les outrages. S'il y a des impofteurs, la punition doit être leur partage, la honte qui accompagne toujours le crime, feroit une peine trop legere.

On diroit que la Dame de Boudeville eft bien moins fenfible à l'injure dont elle fe plaint, qu'elle n'eft touchée de l'interêt public. Le danger où font expofées les plus grandes Maifons du Royaume excite fes allarmes, elle fremit d'avance, elle en eft penetrée. Pourquoi s'oppofe-t'elle à l'éclairciffement des faits? C'eft la feule voye qui peut, fi en effet elle n'eft pas mere, operer fa juftification, & mettre les familles à l'abri des entreprifes de l'impofture. Tant d'efforts pour empêcher l'éclairciffement ne donnent pas une idée avantageufe de fa caufe; elle n'ofe conclure à la revocation de la donation qu'elle a faite à la Dame de Bruix, pendant qu'elle lui reproche la plus noire ingratitude; elle eft reduite à fupplier la Cour de fermer les yeux, & de couvrir par d'épaiffes tenebres ou le crime, ou l'innocence.

Cette prétention choque la raifon, la juftice, l'humanité. Les Magiftrats pour découvrir le crime fe livrent à toutes fortes de recherches: ils ne font pas moins zelez défenfeurs de l'innocence, mais pour fe faire connoître, elle doit marcher accompagnée de la verité, & armée de preuves qui portent, avec un degré fouverain d'évidence, la conviction dans les efprits. Voilà l'objet que s'eft propofé la Dame de Bruix, voilà ce qu'avec des efforts infinis la Dame de Boudeville veut empêcher. Venons au Memoire.

Les faits principaux, dont le recit n'eut pas été avantageux à la caufe de la Damé de Boudeville, font retranchez.

La premiere piece indiquée eft l'Extrait-baptiftaire de la Dame de Bruix, fille de Guillaume de la Salle & d'Antoinette Barriere fa femme; Antoinette (car le nom de Barriere eft en marge, & ajoûté après coup fans paraphe) n'eft point dans l'Extrait-baptiftaire qualifiée femme de Guillaume de la Salle; on fe fait un moyen de cet Extrait, comme s'il étoit l'ouvrage de la Dame de Bruix.

On vient à l'éducation. Une refléxion badine fur la manie des femmes de qualité qui s'amufent de tout fans refléxion, remplace les circonftances décifives de l'éducation de la Dame de Bruix dans la maifon de la Dame de Boudeville.

De l'Extrait-baptiftaire du 12 Fevrier 1705. & de l'éducation jufqu'à 18. ans, on paffe fubitement au mariage de la Damé de Bruix qui eft de 1723. on infifte fur le Procès verbal du 5 Mai 1723. on a grande attention de ne point nommer les prétendus amis, à l'exception de Brunier nommé Tuteur de la mineure, qui n'a point voulu paffer pour fon oncle, quoique peut-être, dit-on, il le fût, & attaché à elle par des liens plus étroits que ceux de l'amitié. On ajoûte que dans le Contrat de mariage & l'Acte de celebration, comme dans l'Extrait-baptiftaire & l'avis d'amis, la Dame de Bruix n'a eu d'autre nom que celui de Marie de la Salle, que fon fort a été fixé par ces Actes, que tout caracterife une fille née dans une condition obfcure, qu'un mariage plus honorable a élevée à un rang qui a dû remplir tous fes vœux.

La Dame de Boudeville met fon Interrogatoire au nombre des titres qu'elle oppofe à la Dame de Bruix. On ne comprend pas que ce trait ait pû échaper à la Dame de Boudeville, forcée elle-même de reconnoître que la religion du ferment ne l'a pas empêchée d'en impofer à la Juftice dans un grand nombre d'articles.

Nous ne nous arrêterons point à relever ce qui eft dit fur la Sentence dont eft appel, rendue, à ce qu'on prétend, par des Juges peu inftruits, Sentence qui a jetté l'allarme dans les familles, Sentence dont la nouvelle a frapé d'étonnement tous les Ordres du Royaume. Les Auditeurs qui ont affifté en foule aux Plaidoiries, dans le cours de onze Audiances, ont été témoins que les deux Avocats de la Dame de Boudeville ont mis en ufage tout ce que l'éloquence a de plus féduifant; que l'Avocat du Roy * qui a porté la parole, a mis avec la plus fcrupuleufe exactitude les moyens de la Dame de Boudeville dans le plus grand jour; que le Public enlevé par fon difcours n'a pû refufer les applaudiffemens dûs à fes talens, encore plus à la droiture de fes intentions & à fon zele pour la Juftice; qu'enfin les premiers Juges après avoir reflechi, pendant un mois, fur les moyens propofez de part & d'autre, n'ont pû refufer des éclairciffemens fi neceffaires & fi précieux à la Juftice, foit pour confondre l'impofture, fi la Dame de Bruix eft coupable, foit pour la rétablir dans fon état, fi par la preuve qu'elle demande elle parvient à diffiper les nuages qui couvrent fa naiffance.

La Dame de Boudeville termine le fait par deux propofitions qu'elle promet d'établir.

La premiere, que la Dame de Bruix n'ayant, ni titre, ni poffeffion pour s'attribuer l'état auquel elle afpire, ne peut être écoutée.

La feconde, que les titres & la poffeffion fe réuniffent pour lui donner un état contraire.

Pour refuter les moyens de la Dame de Boudeville, expofons en peu de mots quel eft le plan de fa défenfe.

Avant les précautions prifes par les Legiflateurs pour fixer l'état des hommes, la poffeffion étoit leur unique titre. Ils ont crû que fi, au moment de la naiffance de chaque Citoyen, fon état étoit configné dans des Regiftres publics, ce genre de preuves ajouteroit un nouveau degré de force à l'état qui devoit être établi dans la fuite par la poffeffion, ou que fi la poffeffion par quelques circonftances impoffibles à prévoir, pouvoit devenir équivoque, le titre primordial viendroit au fecours du Citoyen privé des avantages d'une reconnoiffance folemnelle. C'eft ce qui a introduit l'ufage des Regiftres publics, ainfi l'état des hommes porte fur ces deux genres de preuves; la premiere, qui eft la plus ancienne, eft la poffeffion publique; la feconde, qui eft plus moderne, eft celle des Regiftres; quand ces deux preuves fe réuniffent, tous les doutes difparoiffent; quand elles ne font pas unies, les queftions d'état dépendent des circonftances. Mais celui qui n'a aucune de ces deux preuves, dont l'état n'eft point configné dans les Regiftres, qui n'a point de poffeffion, ne doit attendre aucune reffource de la preuve teftimoniale profcrite contre tous ceux qui n'ont titres, c'eft-à-dire de la qualité de ceux que la Loy exige, ni la poffeffion. Ainfi celui qui a un

* M. Gilbert de Voifins, fils de M. l'Avocat General.

titre dans les Regiſtres & une poſſeſſion conforme, n'a rien à craindre de la preuve teſtimoniale, & celui qui n'a ni ce titre, ni la poſſeſſion, n'en peut rien eſperer.

La preuve demandée feroit dans ces deux cas également impuiſſante & dangereuſe, parce que la dépoſition des témoins qui eſt toujours incertaine, ne peut contrebalancer la foi dûe aux Regiſtres publics & à la poſſeſſion.

La focieté civile ne ſera plus qu'un cahos dans lequel on ne pourra plus ſe diſtinguer & ſe reconnoître à des caracteres certains ; on changera d'état comme de modes ; les conditions diſtribuées par la Providence, au milieu des tempêtes dont elles ſeront agitées, éprouveront des viciſſitudes qui ſeront l'opprobre de la nature ; on va porter l'épouvante dans les grandes Maiſons, & le trouble & l'incertitude dans l'eſprit des Magiſtrats. La ſuppreſſion d'état eſt un crime qui fait horreur, on ne doit point craindre que des hommes tombent dans des extrémitez ſi funeſtes ; s'il en eſt, ce ſont des monſtres ſans conſequence ; la politique exige que les enfans qui en ſont les victimes, ſe prêtent eux-mêmes au ſacrifice ; il eſt du devoir des Juges de ne point ſe livrer à des éclairciſſemens ſi fâcheux : que n'ajoute-t-on que leur devoir eſt d'oublier ce qu'ils doivent à la Juſtice pour devenir les complices de forfaits qu'il eſt perilleux d'approfondir ?

Ceci n'eſt encore que la majeure de l'argument.

La preuve teſtimonale n'eſt jamais admiſe contre les titres & la poſ-ſeſſion. La mineure conſiſte dans les deux propoſitions qu'on a ci-devant annoncées, qui établiſſent l'application de la majeure.

Commençons par rétablir les vrais principes dans la matiere de la filiation.

PRINCIPES.

Ce n'eſt ni dans la nature, ni dans la raiſon, ni dans les Loix, ni dans les Ordonnances, ni dans la Juriſprudence, que la Dame de Boudeville a trouvé le ſyſtême qui fait ſa défenſe.

La nature ne conſidere qu'avec horreur les peres & les meres qui ont la barbarie de ſacrifier leurs enfans à leurs paſſions.

La raiſon penſe comme la nature.

Aucune Loy n'a parlé un langage ſi contraire à l'humanité.

Les Ordonnances, ſingulierement celle de 1667. quoiqu'elles ne faſſent aucune mention de l'état des hommes, ont néanmoins pris des précautions pour aſſurer les faits qui ont rapport à l'état ; c'eſt de ces précautions même qu'on argumente pour adminiſtrer des moyens aux peres denaturez, & pour les mettre à leur aiſe, quand ils voudront deſavouer leurs enfans avec impunité.

Qu'un pere & une mere ſoient déterminez à ſacrifier leurs enfans, rien de plus facile. C'eſt un crime qu'il ſuffit de vouloir, pour le commettre ; l'enfant naît ſans ſe connoître ; il a les yeux ouverts, mais il ne voit rien, il a le malheur de trouver ſes ennemis dans ceux qui devroient être ſes protecteurs ; on le preſente à l'Egliſe ſous le nom qu'ils jugent à propos de lui donner, on le met entre les bras d'une femme étrangere,

étrangere ; le même myftere, qui a couvert fa naiffance, regne dans l'é-
ducation, dans les alimens qu'on n'a pas l'inhumanité de lui refufer ; il
découvre fon état, il acquiert des preuves que la nature, qui travaille à
recouvrer fes droits, lui ménage ; il ne lui fera pas permis de les faire
valoir, la preuve teftimoniale n'eft jamais admife en matiere de filiation contre le Regiftre, titre primitif de fon état, corroboré par la
poffeffion ; il n'eft point permis aux Juges de rien envifager au-delà
des Regiftres qui forment une preuve legale, & la poffeffion les confirme.

A cette affreufe morale que la Dame de Boudeville annonce comme
dictée par la nature & par la raifon feule, gravée dans le cœur de tous
les hommes, déterminante dans les queftions d'état, prefcrite par les
Loix, confirmée par la Jurifprudence, il ne faut oppofer que les raifonnemens les plus fimples.

Un crime fait horreur ; donc il ne faut point l'éclaircir.

Un crime qui fait tant d'horreur eft incroyable. N'a-t-on jamais
agité de queftions d'état dans les Tribunaux ? celle qui fe prefente
n'eft nouvelle que dans les circonftances ; le fonds de ces fortes de
caufes eft toujours le même, quoique varié par les faits. La Dame de
Boudeville a voulu ravir l'état à fa fille : trahie par la nature, qui a
toujours parlé au fond de fon cœur, elle a laiffé échaper une infinité
de preuves dans tous les tems, elle a toujours été contre fon objet ;
fi l'on condamne fon projet, elle eft juftifiée par fes moyens, elle ne
merite point d'être placée dans la claffe de ces femmes criminelles qui
fe font armées avec fureur contre leur fang : en attaquant fa fille, elle lui
a fourni des armes pour fe défendre, & en fi grand nombre que dix
enfans en pareil cas en auroient affez pour fe faire reconnoître, en ne
donnant à chacun qu'une partie des circonftances qui fe réuniffent en
faveur de la Dame de Bruix.

L'ambition a guidé la Dame de Boudeville, d'autres font entraî-
nez par l'avarice. Il y a des peres jaloux, dont les meres trop com-
plaifantes n'ont pû arrêter les coups. Le cœur humain n'eft-il pas le jouet
d'une infinité de paffions fouvent plus fortes que les mouvemens de la
nature ?

La Dame de Boudeville cite pour attaquer la preuve teftimoniale,
les Loix Romaines & l'Ordonnance * de 1667. qui, fi on veut l'en
croire, a fait un furieux ravage dans les queftions d'état.

Sur l'article des Loix Romaines, la fobrieté du Memoire eft admirable. On fe réduit à deux Loix de deux ou trois lignes dont il fuffit
de prendre la lecture pour être perfuadé que la confequence qu'on
en tire n'eft pas vraie.

Si tibi * *controverfia ingenuitatis fiat, deffende caufam tuam inftrumentis*
& argumentis quibus potes, foli enim teftes ad ingenuitatis probationem non
fufficiunt. La traduction feule de ces derniers termes, détruit tout
ce raifonnement, *les feuls témoins ne fuffifent pas.*

Que * *l'on parcoure toutes les Loix Romaines, on y trouve partout la*
preuve teftimoniale profcrite dans les queftions d'état.

Si cette profcription fe trouve partout, elle n'eft pas certainement

---

* Page 8. 16 & 17.
de fon Memoire.

* L. 2. cod. de
Teftib.

* Page 8. du Me-
moire.

dans la premiere Loy citée, ni dans la feconde, qui eft la Loy 29. & non la 24. *Dig. probat. probationes quæ de filiis dantur, non in folâ affirmatione teſtium dantur.* La Dame de Boudeville eft peut-être la feule qui puiſſe faire dire à des Loix le contraire de ce qu'elles difent fi clairement.

Si nous confultions la Glofe, nous trouverions que la premiere de ces deux Loix reçoit une interpretation entierement favorable à la preuve par témoins; mais la caufe de la Dame de Bruix n'exige pas ces recherches, il nous fuffit de nous renfermer dans le texte. L'Empereur y parle un langage de raifon & d'humanité. Si votre état eft attaqué : *Si tibi controverſia ingenuitatis fiat, deffende caufam tuam inſtrumentis & argumentis.* Quels titres, quels argumens font neceſſaires? *inſtrumentis & argumentis quibus potes,* ceux que vous pourrez. Celui dont on a fupprimé l'état eft-il à portée de choifir des titres d'une certaine efpece, des argumens qui ne foient fufceptibles d'aucune replique? Raſſemblez tout ce que vous pourrez, on en tirera des confequences, *inſtrumentis & argumentis quibus potes,* car les feuls témoins ne fuffifent pas, *foli enim teſtes non fufficiunt.* Un impofteur viendra débiter une fable qui n'aura aucun fondement; il lui plaira de fe donner un pere & une mere fuivant fon imagination; il offrira des témoins, *foli teſtes non fufficiunt;* il peut arriver qu'il n'eft pas impofteur, mais le vol de fon état a été conduit avec tant d'art, qu'il n'a ni preuves, ni préfomptions, ni indices, ni adminicules : il eft digne de compaſſion; la compaſſion n'eft pas un motif capable de déterminer les Juges en fa faveur. Il eft malheureux, la Loy eft impuiſſante, elle ne peut le fecourir, *foli teſtes non fufficiunt.*

L'application de ces textes viendra dans la fuite, on la découvre d'avance.

Des Loix Romaines, la Dame de Boudeville paſſe à celles du Royaume.

Mais de toutes nòs Loix, l'Ordonnance de 1667. eft la feule qu'elle indique, comme une Loy prohibitive de la preuve teſtimoniale dans les queſtions d'état; & elle fe fonde, 1°. Sur la raifon feule qui fuffiroit pour l'exclure. 2°. Sur ce que l'Ordonnance s'eft expliquée trop clairement, pour que la prohibition puiſſe être revoquée en doute.

La Dame de Boudeville n'eft pas plus heureufe dans l'application de l'Ordonnance que dans celle des Loix Romaines.

L'Ordonnance de 1667. a prefcrit la neceſſité des Regiſtres publics, mais comme elle n'eft que la fuite des Loix precedentes, il eft neceſſaire d'y remonter, pour éclaircir l'étrange abus que fait la Dame de Boudeville de cette derniere Loy.

L'Ordonnance de 1539. avoit établi des Regiſtres, elle ne parle ni de la preuve litterale, ni de la preuve teſtimoniale.

L'article 54. de l'Ordonnance de Moulins exclud la preuve par témoins en matiere de convention, à l'exception des cas où il ne s'agira que de 100 liv.

L'article 181. de l'Ordonnance de Blois, enjoint aux Greffiers de fe faire délivrer des doubles des Regiſtres. *Pour éviter* (terme remarquable) *les preuves par témoins que l'on eſt fouvent obligé de faire touchant les naiſſances, mariages, morts & enterremens, pour éviter,* non pas pour proscrire. Nous verrons quel rapport ceci peut avoir aux questions d'état.

Nous voici à l'Ordonnance de 1667. en premier lieu elle a réuni, au sujet de la preuve testimoniale, ce qui étoit dans les Loix precedentes. Elle l'a proscrite dans la matiere des conventions, dans le cas où les hommes sont en état d'acquerir des preuves par écrit, point de témoins contre & outre le contenu aux actes. * * Article 2. tit. 20.

Par une suite necessaire la derniere Ordonnance a conservé la preuve testimoniale *pour dépôt necessaire, en cas d'incendie, ruine ou naufrage, ou en cas* * *d'accidens imprévûs, où on ne pourroit avoir fait des actes, & aussi lorsqu'il y aura un commencement de preuve par écrit.* * Article 3.

La Dame de Bruix a indiqué ces deux articles dans son premier Memoire. La Dame de Boudeville a la discretion de n'y point répondre; il y a de l'art à passer sous silence ce qu'on ne peut refuter.

En second lieu, l'Ordonnance de 1667. a rappellé & perfectionné au sujet des Registres ce qui est dans l'Ordonnance de 1539. & dans celle de Blois.

La Dame de Boudeville cite les articles 7 & 14 de l'Ordonnance de 1667.

L'article 7 du titre 20. veut que *les preuves de l'âge, des mariages & du tems du decès soient reçûs par des Registres en bonne forme qui feront foi & preuve en Justice.*

Mais comment fera-t-on si les Registres sont perdus, ou s'il n'y en a jamais eu? *la preuve en sera reçûe, tant par titres que par témoins, & en l'un & en l'autre cas, les baptêmes, mariages & sepultures pourront être justifiez, tant par les Registres & Papiers domestiques des pere & mere decedez, que par témoins.*

1º. Suivant cet article, la preuve par témoins de l'âge, du mariage & du decès est admise, quand les Registres sont perdus, ou quand il n'y en a jamais eu; il n'est pas juste d'en tirer la consequence que quand il y a des Registres, tout autre genre de preuve, quand il s'agit de l'âge, du mariage & du decès, soit rejetté; l'Ordonnance ne le dit pas.

Par une precedente disposition * elle avoit declaré qu'elle n'entendoit point exclure la preuve par témoins dans les cas imprevûs, & aussi lorsqu'il y aura des commencemens de preuves par écrit. Ce n'est pas une disposition nouvelle, *n'entendons exclure* ...... la preuve testimoniale, telle qu'elle subsistoit, est conservée; c'est une planche dans le naufrage dont on ne peut pas priver les Citoyens dans des cas de necessité. * Art. 3. du tit. 10.

2º. L'Ordonnance dans les articles 7. & 14. ne fait aucune mention de l'état des hommes. Elle ne dit pas que les preuves de l'état des hommes seront reçues par des Registres; les preuves de l'âge, du mariage & du decès seront reçues par des Registres.

L'âge des hommes est consigné dans les Registres publics; il faut ajoûter foi à ce qui y est écrit, parce qu'il est difficile de se tromper sur l'âge d'un enfant qu'on presente au baptême; le Curé, ou le Prêtre commis, pour tenir les Registres, voit par ses yeux, il n'est exposé à se tromper que de quelques jours. Mais connoît-il l'état des enfans? peut-il se dispenser de s'en rapporter à ce qui lui est dit par des gens qui peuvent le furprendre avec d'autant plus de facilité, qu'il n'eft point obligé à faire aucune recherche ? Sa fonction eft bornée à l'adminiftration du Sacrement qu'on lui demande, & à écrire l'âge de l'enfant, rien au-delà ; il n'a point de droit de prononcer fur l'état ; il jugeroit fans connoiffance, & il jugeroit fouverainement. Appliquer à l'état des hommes, pour le leur faire perdre irrevocablement, & les priver de la preuve par témoins, une loi qui ne parle que de l'âge, c'eft fortir de la loi, c'eft annoncer la plus criante de toutes les injuftices. S'agit-il de juger de l'âge ? confultez le Regiftre ; s'agit-il de l'état, le Regiftre eft la plus imparfaite & la plus fautive de toutes les preuves, fi ce n'eft lorfque la prefence du pere eft prouvée par fa fignature. Quand donc on expofera ce qui eft écrit dans les Regiftres au fujet de l'état, à être démenti par des témoins qui peuvent être reprochez, dont les Juges pefent avec attention les dépofitions, on rendra à l'Ordonnance ce qui lui eft dû ; on rendra à la preuve teftimoniale ce qui lui a été confervé par l'Ordonnance : la Loi n'a point entendu y déroger ; elle l'a declaré dans des termes précis & pofitifs ; elle eft facile à entendre ; elle rejette la preuve par témoins dans les matieres fujettes à conventions, & même avec une exception : elle ajoûte, *n'entendons exclure* ..... Le Legiflateur avertit qu'il ne faut pas confondre ce qui tombe en convention avec le dépôt neceffaire & les accidens imprevûs où les Parties n'ont pas pû paffer des Actes ; la Loi fe repofe fur eux, elle compte fur les fentimens que la nature a dû graver dans leur cœur. Ne peut-il pas arriver qu'ils y manqueront ? c'eft un cas imprévû. Quel cas plus imprévû que le facrifice de l'état d'un enfant qui ne fe connoît point, & qui ne peut point fe défendre ?

La Loi confie aux peres & meres l'état des enfans, ils en font les dépofitaires neceffaires.

3°. Quand cet enfant parvenu à l'âge de raifon veut agir, de quelle nature eft fon action ? La Dame de Boudeville n'a pas pris le change par fes défenfes, *l'accufation* qui contient la demande, c'eft ainfi qu'elle la définit, eft une injure qui merite une reparation autentique. L'accufation eft fondée fur des faits qui ne tombent point en convention. On dit à la Dame de Bruix : Rapportez des Actes, votre Extrait-baptiftaire vous condamne; vous êtes Marie de la Salle, vous n'êtes point en poffeffion du nom de la Ferté. Elle répond : C'eft de quoi je me plains, je reclame le nom qui m'a été enlevé, dont on m'a empêchée de me mettre en poffeffion; on ne veut pas qu'elle ait la liberté de prouver. Qu'on faffe reflexion à la qualité de la demande que la Dame de Boudeville dit être une accufation. Il eft vrai que l'accufation eft pourfuivie par la voye civile parce qu'il ne convient pas à une fille de prendre contre fa mere la voye extraordinaire ; c'eft une mere qui défavoüe fon fang, mais elle eft mere; il ne s'agit point de prononcer des peines ; * la fille ne demande que ce qu'elle ne peut pas s'empêcher de demander, parce qu'il ne dépend pas d'elle de facrifier fon état, qui eft de droit public & inalienable.

Mais quelle eft la défenfe de la mere ? Elle taxe fa fille d'impofture, elle invoque le Miniftere public, elle requiert qu'il fe joigne à elle. Jamais confequence ne fut plus jufte. La Dame de Bruix, fi elle a imaginé

les

* La Dame de Bruix n'a pas même conclu aux dépens.

les faits qu'elle allegue, si ce sont des mensonges, est coupable d'ingratitude & d'imposture. Voilà un double crime : si la Dame de Boudeville n'est pas mere, elle n'a rien à ménager ; qu'elle poursuive par la voye extraordinaire, la carriere lui est ouverte, elle ne veut pas y entrer ; elle n'ose même conclure à la revocation d'une donation qu'elle a faite à sa fille. Que deviennent donc les grandes vûes du bien public, le danger auquel sont exposées les plus grandes Maisons du Royaume? Ecartons ces illusions, les familles ne courent aucun risque; la cause de la Dame de Boudeville ne ressemble à aucune autre, mais parce qu'elle n'oseroit poursuivre, & on en comprend la raison, parce qu'il est plus aisé de crier à l'imposture, que de la prouver; parce qu'en effet elle se sent coupable ; est-ce une raison pour refuser à la Dame de Bruix les voyes de droit, qui en lui rendant son état, la justifieront, aux yeux de tout l'Univers, du crime d'imposture qu'on lui impute ?

Disons que la Dame de Boudeville n'a aucune ressource ni dans la nature, ni dans la raison, ni dans les Loix du Royaume, ni dans nos Ordonnances.

Mais la Dame de Boudeville cite des Arrêts.

1°. Qui doute qu'il n'y ait des imposteurs ? c'est une raison de plus pour chercher la verité & pour l'approfondir.

L'Arrêt du 2 Janvier 1658. rendu en faveur de M. de la Porte, Maître des Requêtes, a jugé que Georges de la Croix qui se disoit son fils, étoit un imposteur.

Il en est de même de l'Arrêt du 12 Janvier 1686. contre le nommé Joubelot.

Un autre Arrêt du 2 Mars 1641. est rapporté par Soëfve sans aucune circonstance.

L'Arrêt du 19 May 1691. contre la nommée Coulon, n'est pas plus important.

Dans tous ces Arrêts dont il est inutile de retracer les especes, les imposteurs se fondoient sur des faits si grossierement imaginez, qu'il n'a pas été possible de s'y tromper.

Aussi ces Arrêts ne sont citez que pour avoir occasion de rapporter ce que les grands Magistrats, chargez du Ministere public, ont dit contre la preuve testimoniale, soit avant, soit depuis l'Ordonnance de 1667. qui certainement n'a pas été le motif des Arrêts anterieurs. Mais qu'on lise leurs discours, on y verra le principe des Loix : *Soli testes ad ingenuitatis probationem non sufficiunt, probationes quæ de filiis dantur non in solá adfirmatione testium dantur.*

L'Arrêt de la Dame de Sazilly est l'Arrêt favori de la Dame de Boudeville, le prétendu fils avoit fait sa preuve qui n'étoit pas concluante. La comparaison entre cet Arrêt & celui qui a été rendu en faveur de la Demoiselle de Choiseul, a donné lieu à d'étranges discours. Quand la Cause de la Demoiselle Ferrand a paru, ses Adversaires l'offroient au Public comme une victime qu'on alloit sacrifier au repos des familles, & singulierement des peres qui jugeroient à propos de ne point reconnoître leurs enfans. L'évenement n'a point répondu.

Les Arrêts, conformes au dernier Arrêt rendu en faveur de la Demoiselle Ferrand, sont en grand nombre. Le sieur du Lac Capé avoit un faux

Extrait Baptiſtaire, la Demoiſelle Toquelin avoit été baptiſée ſous un autre nom, l'un & l'autre ont été rétablis dans leur état, ces Arrêts ſont rendus de nos jours. L'impoſture punie, quand elle a été découverte, n'eſt point un titre dont les peres & meres puiſſent ſe prévaloir pour déſavouer leur ſang, lorſqu'ils ont laiſſé l'état de leurs enfans dans l'obſcurité.

La Dame de Boudeville fait un pompeux étalage de ce qui a été dit dans toutes les queſtions d'état pour des peres & meres dénaturez, pour empêcher la preuve, il y a grand danger de l'admettre, il y a des inconveniens dans la Preuve teſtimoniale ; le repos des Familles, & ſingulierement des grandes Maiſons, inquiete la Dame de Boudeville ; leur ſort eſt compromis dans une ſeule cauſe. *Si la verité* * *pouvoit briller à nos yeux, il faudroit l'embraſſer avec joye, & la ſoutenir avec courage ; mais il ne faut pas ſe flatter de la trouver jamais dans les queſtions d'état à ce degré d'évidence, &, pour ainſi dire, d'infaillibilité qui pourroit remplir tous nos vœux : la conception, la naiſſance peuvent être envelopées de mille nuages, les paſſions peuvent y joüer leur rôle, & ſubſtituer des couleurs à la verité ; l'illuſion peut y trouver ſa place ; mais ſi c'eſt un malheur attaché à la condition humaine, il faut dans l'incertitude où elle eſt plongée ſe fixer à des regles certaines qui conduiſent le plus ordinairement à la verité, qui du moins entretiennent l'ordre & la paix, & n'a rien de plus precieux pour la ſocieté en general, que la recherche d'une verité obſcure ne peut l'être pour l'intereſt de quelques particuliers.*

* Pages 13 & 14.

Voilà certes un beau morceau d'éloquence, mais où nous conduit-il? Il eſt à ſouhaiter que la verité brille aux yeux de la Juſtice, mais ne la cherchez pas dans les queſtions d'état : vous, Magiſtrats éclairez, dont la fonction eſt de juger les hommes, vous ne la trouverez pas au degré d'évidence & d'infaillibilité qui pourroit vous ſatisfaire, c'eſt une matiere envelopée de mille nuages ; la Dame de Boudeville vous offre, pour vous tirer d'incertitude, un expedient : l'Ordonnance dit qu'il y aura des Regiſtres, conſultez-les. Mais l'Ordonnance n'a point conſtitué les Regiſtres Juges de l'état, & il ſeroit abſurde qu'elle l'eût fait, car celui qui a écrit le Regiſtre n'a point eu de l'état, & n'a pas pû en avoir connoiſſance. Joignez à la preuve des Regiſtres celle qui réſulte de la poſſeſſion. Mais comment doit-on attendre qu'un pere & une mere, qui ont commencé par enlever à leur enfant le nom dont la nature & la Loy lui ont fait preſent, le lui ayent rendu après coup? qu'importe? il en coutera l'état à quelques Particuliers, la ſocieté en tirera de plus grands avantages que de la recherche d'une verité obſcure.

Nous n'en ſommes encore qu'au point de droit ; car ſi la Dame de Boudeville étoit la mere d'une Loy auſſi ſouverainement injuſte que celle qu'elle imagine pour ſa défenſe, elle ne pourroit pas encore l'appliquer à ſa cauſe.

Eh ! qui n'en ſent pas toute l'iniquité? Peut-on propoſer ſerieuſement à des Magiſtrats reſpectables, que leur devoir eſt de ne pas rechercher la verité, parce qu'elle peut être obſcure. S'ils la cherchent cette verité, s'ils la trouvent, que pourra-t-on oppoſer? déja elle éclate, & il n'y a qu'un degré à y ajouter pour la rendre ſenſible, évidente, palpable. Faut-il que les Juges abandonnent la route qui peut les conduire à la verité, pour devenir les complices d'une mere qui a facrifié l'état de fon enfant, & qui ne jette de fi hauts cris que dans la crainte de voir fon projet deconcerté & renverfé?

Mais quel fera donc le principe dans les queftions d'état, puifque nos Ordonnances n'en parlent point? la Dame de Boudeville nous l'a annoncé, peut-être fans y avoir penfé, certainement fans le vouloir.

L'état eft le plus cher, le plus précieux de tous les biens. En conclure qu'il eft le feul dont la perte foit irréparable, quand il a été attaqué par ceux qui en ont dû être les protecteurs, c'eft une propofition qui ne peut être hazardée que par ceux qui fe reconnoiffent coupables.

Comme l'état eft le plus cher & le plus précieux de tous les biens, la Loy citée par la Dame de Boudeville nous apprend de quelle maniere ceux qui font attaqués dans l'état doivent fe conduire. *Defende caufam tuam inftrumentis & argumentis quibus potes.* Si vous êtes affez heureux pour avoir des titres, faites-les valoir; joignés aux titres des argumens, *inftrumentis & argumentis*, c'eft-à-dire, des confequences de faits certains & prouvés, *foli enim teftes ad ingenuitatis probationem non fufficiunt.* Ne venés pas dire uniquement, j'offre des témoins, cela ne fuffit pas; il faut quelque chofe de plus: c'eft de ce concours de preuves réunies que fortira la preuve de la verité. Si celui qui afpire à l'état eft impofteur, cette recherche pourra fervir à le confondre; car s'il eft jufte de rendre l'état à l'enfant qui en a été dépouillé par de mauvaifes voyes; il n'eft pas moins jufte de punir l'impofteur qui entreprend de conquerir un état qui ne lui appartient pas.

Reprenons maintenant l'argument, ou plûtôt le fophifme de la Dame de Boudeville, qui eft l'ame de tout fon Memoire, qu'on retrouve prefque dans toutes les pages, car c'eft un Protée, qui paroît à tous les inftans, mais qui fe change fous differentes formes, qui femble toujours different, & néanmoins qui eft toujours le même.

A qui n'a ni titre ni poffeffion, la preuve par témoins en matiere d'état ne peut être accordée; voilà le privilege fingulier des queftions d'état; difons au contraire, on ne peut exiger, d'un enfant qui fe plaint que fon état eft fupprimé, ni titre ni poffeffion.

Quel titre exigera-t'on? on veut un Extrait Baptiftaire dans lequel fe trouve le nom qu'il reclame; voilà une preuve legale, autorifée par l'Ordonnance, puifqu'elle prefcrit la neceffité des Regiftres. L'Ordonnance n'a parlé & n'a pû parler que de l'âge, & non de l'état. Ce n'eft pas qu'un Extrait Baptiftaire ne puiffe être dans la matiere de l'état, une piece importante; mais toutes les inductions qu'on peut en tirer s'évanouiffent s'il n'eft pas figné par le pere, ou confirmé par la poffeffion. Sera-ce la poffeffion, au défaut de l'Extrait Baptiftaire, qui decidera? Non, la poffeffion fera un grand titre pour l'établiffement, & non pour la deftruction de l'état, puifque le défaut de poffeffion n'eft point du fait de l'enfant, mais de ceux qui ont dû veiller à la confervation des droits de fa naiffance.

Venons aux deux Propofitions du Memoire, c'eft-à-dire, à la mineure de l'argument dont nous venons de réfuter la majeure, par l'établiffement des vrais principes.

Réfutation de la premiere Proposition.

La Dame de Bruix n'a ni titre, ni poffeffion ; elle n'a point d'Extrait Baptiftaire qui lui donne le nom de la Ferté, elle n'a point porté le nom qu'elle reclame.

Après ce qui a été dit, on comprend quelles peuvent être les répon-fes ; mais comme elles entrent plus naturellement dans l'examen de la feconde Propofition, on paffera tout d'un coup au point effentiel, qui confifte à fçavoir fi la Dame de Bruix n'a pas des commencemens de preuves par écrit.

Elle a articulé quarante-deux Faits , dont elle demande permiffion de faire preuve, *tant par titres* que par témoins. Il s'agit de réunir ces deux preuves, qui conduifent à l'éclairciffement qu'elle demande.

La Dame de Bruix a des commencemens de preuves par écrit.

La Dame de Boudeville ne veut pas convenir qu'en matiere d'état, les commencemens de preuves par écrit foient fuffifans ; mais comme elle ne fe fonde que fur l'autorité des Regiftres, dont l'Ordonnance a établi la forme & la neceffité, & que cet argument eft réfuté, il faut examiner ce qu'elle oppofe pour combattre les commencemens de preuves par écrit de fa maternité.

Voici la premiere objection. Pour que des commencemens de preu-ves par écrit puiffent fervir de vehicule à la preuve, il faut qu'ils fe trouvent dans des Actes qui ayent un rapport direct à la filiation, & non pas des Actes étrangers à la naiffance, qu'on ne peut y appliquer que par des commentaires, comme des écrits qui peuvent convenir à des enfans ou à d'autres.

Que nous donnez-vous, ajoute la Dame de Boudeville, pour com-mencemens de preuves par écrit ? L'accouchement eft la bafe de votre prétention.

Vous convenez que vous n'avez point de commencemens de preu-ves par écrit de l'accouchement ; vous avez des Lettres, des liberalitez faites, tant à vous qu'à Virgine ; des faits d'éducation, de tendreffe ; c'eft de quoi il ne s'agit pas, parce qu'on peut gratifier des étrangers ; il s'agit de la maternité, les faits d'éducation font admirables, quand il s'agit de l'identité, de la reconnoiffance d'un enfant, dont la naiffance eft certaine.

L'objection eft refutée en la rappellant.

La Dame de Bruix n'a point de commencement de preuves par écrit de l'accouchement, parce qu'elle ne peut pas en avoir, & qu'il eft inoui qu'une femme qui accouche faffe venir un Notaire pour lui en de-mander acte ; la confequence de la Dame de Boudeville eft que s'il eft impoffible d'avoir de ce fait un commencement de preuves par écrit, la preuve par témoins n'en doit pas être admife.

Cette confequence eft-elle jufte ? Quelle eft la pofition de la caufe ? La Dame de Boudeville eft une mere qui ne veut pas connoître fa fille. Le premier fait eft l'accouchement. Si par l'affemblage & la combinai-fon de tous les faits qui entrent dans la ftructure de l'édifice il en réfulte

des

des commencemens de preuves de maternité, parce qu'il eſt impoſſible d'appliquèr ces faits, dont la durée eſt de trente années, à une autre qu'à une mere; ſi à ces commencemens de preuves par écrit, ſe joint la preuve par témoins d'un accouchement d'un tel jour, d'une telle année, dans une telle maiſon, tous les doutes diſparoiſſent ; dira-t-on qu'il faut avoir des commencemens de preuves par écrit de chaque fait en particulier, ſans quoi les Juges ſont obligez de ſacrifier la verité, comme la Dame de Boudeville a ſacrifié la nature ? Ce raiſonnement qui eſt le comble de l'iniquité, ne peut être écouté qu'avec indignation.

Mais on peut avoir des actes qui parlent d'un accouchement. Autre abſurdité. Une mere qui méconnoît ſa fille, qui a eu l'attention d'accoucher ſecretement, aura paſſé des actes qui feront mention de ſon accouchement.

Mais il faut que les commencemens de preuves par écrit ayent un raport direct à l'accouchement: des faits d'éducation, de tendreſſe, de gratification, ne ſuffiſent pas ; qu'on explique les termes myſterieux dActes, qui ont un rapport direct. De faits certains, de faits prouvez par écrit, la Dame de Bruix tire des argumens & des conſéquences; *defende cauſam tuam inſtrumentis & argumentis quibus potes.* Parce que la Dame de Boudeville avoit ſes raiſons pour cacher ſon accouchement, elle n'exclura pas la Dame de Bruix du droit de faire entendre ceux qui en ont été témoins néceſſaires : tous les faits qui ont rapport à la maternité ſont des commencemens de preuve par écrit de l'accouchement ; car avant que d'être mere, il faut être accouchée: les traitemens continus, inappliquables à une autre qu'à une mere, annoncent un accouchement precedent, & mettent les Juges en état d'ajouter foi à la dépoſition de ceux qui en ont été les témoins.

La Dame de Boudeville ne compte pour rien les faits d'éducation, ils ne peuvent ſervir qu'à prouver l'identité.

On ſent la raiſon de cette diſtinction, & à quoi elle s'applique; mais comme elle n'a rien d'eſſentiel, il eſt inutile de la relever.

Seconde Objection. Tous les faits ſont faux ou exagerez, ſuivant les Pieces.

Pourquoi, ſi les faits ſont faux, la Dame de Boudeville s'oppoſe-t-elle à la preuve, qui mettra la verité dans tout ſon jour?

La Dame de Bruix doit ſon éducation, ſon établiſſement, ſa dot, ſon entretien à la Dame de Boudeville, elle en a la preuve & dans les lettres & dans des actes.

La Dame de Boudeville commence par les lettres ; ce qu'elle dit à ce ſujet eſt très-remarquable ; il n'en réſulte, ſelon elle, que des ſentimens paſſionnez, empreſſemens de voir la Dame de Bruix, douleur de ſon abſence, vœux ardens de paſſer quelque tems avec elle, *qu'elle na jamais connuë que comme niece de Tonton.*

Ceci eſt quelque choſe, mais ce n'eſt pas tout à beaucoup près ; la lecture des lettres toutes myſterieuſes, toutes ſans ſignature, découvrent le caractere qui les diſtingue des lettres ordinaires ; le deſſein de la Dame de Boudeville n'étoit pas de paſſer quelque tems avec la Dame de Bruix, c'étoit d'y paſſer ſa vie, de ſe réunir pour jamais avec elle, de maniere à ne s'en jamais ſeparer.

D

La Dame de Boudeville ajoute quelque réflexions.

La premiere eſt que la Dame de Bruix prétend qu'elle a été élevée dès ſa plus tendre enfance, par les ſoins & aux dépens de la Dame de Boudeville; elle a nié le fait; les lettres n'en diſent rien; & comment des lettres qui ne remontent point au-delà de 1728. pourroient-elles prouver les ſoins & les dépenſes d'une fille mariée en 1723 ? *auſſi n'y a-t-il pas le plus leger commencement de preuve de cette éducation déniée expreſſément par la Dame de Boudeville.*

Les lettres ne le diſent donc point, & elles ne peuvent pas le dire; elles le diſent néanmoins; la Dame de Boudeville * rend compte à ſa fille d'une commiſſion qu'elle a donnée à la Demoiſelle de Saint-Jean, *de qui elle eſt ſûre comme d'elle-même, aſſurément la ſeule amie fidelle qu'elle ait trouvée dans le monde. A la commiſſion elle ajoute une robe.... cela ne mérite pas un remerciment, la tendreſſe que j'ai pour vous, vous mettra à por-tée de m'en faire à plus juſtes titres; ſoyez ſûre, ma chere mignonne, que votre bonheur m'inquiéte plus que le mien, & que j'y contribuerai en tout ce que je pourrai.*

Le goût naturel & de préference que j'ai eu pour vous DEZ VOTRE PLUS TENDRE ENFANCE*, s'eſt toujours fortifié par la bonne opinion que j'ay de votre caractere.*

Dira-t-on que le goût *naturel & de préference dès la plus tendre enfan-ce*, n'eſt pas un commencement de preuve par écrit de l'éducation don-née à la Dame de Bruix par la Dame de Boudeville ? elle l'a déniée expreſſément, rien n'eſt plus fâcheux & pour la mere & pour la fille; la dénégation montre qu'elle n'a pas dit vrai, puiſqu'elle a rejetté les frais de l'éducation, dans ſa maiſon & ſous ſes yeux, ſur Tonton, que rien n'engageoit à cette dépenſe, & que Tonton n'auroit pas pû la faire. La Dame de Boudeville parle dans la lettre d'un goût naturel & de pre-ference, *dès votre plus tendre enfance* : qu'eſt-ce qu'un goût naturel? qu'eſt-ce qu'un goût de preference depuis la plus tendre enfance?

Qu'il nous ſuffiſe d'avoir mis la lettre à côté de la reflexion.

SECONDE REFLEXION. La Dame de Bruix prétend avoir été mariée & dotée par la Dame de Boudeville, les lettres n'en diſent rien; elle n'a paru ni au contrat ni à l'acte de celebration; il eſt vrai qu'on rapporte des lettres anterieures au mariage, écrites par une étrangere qui a em-prunté ſon nom pour forger ces pieces, mais elles ne peuvent être oppo-ſées à la Dame de Boudeville.

Les circonſtances du mariage de la Dame de Bruix, ouvrage de la Dame de Boudeville, & les précautions qu'elle a priſes pour ne pas paroître, ſont expliquées dans le precedent Memoire ſur le deuxieme fait; mais il eſt ſingulier qu'en parlant des lettres écrites par la Demoi-ſelle de Saint-Jean, elle la traite comme une étrangere, qui a emprunté ſon nom pour forger ces piéces; a-t-elle oublié ce qu'elle dit dans la lettre cy-deſſus citée de la Demoiſelle de Saint-Jean, *de qui je ſuis ſûre comme de moi-même, & aſſurément la ſeule amie fidelle que j'aye trouvée dans le monde ?*

TROISIEME REFLEXION. Les expreſſions des lettres de la Dame de Boudeville n'ont rien qui ne puiſſe convenir à toute autre qu'à une mere, elle eſt dans l'habitude d'écrire dans le même ſtile.

La réponse est la fin du troisiéme fait du précedent Memoire, page 25.

Au surplus la Dame de Boudeville ajoute que ses lettres, *loin de développer le caractere d'une mere qui écrit à sa fille, presentent par tout l'idée d'une passion qui ne peut être l'ouvrage de la nature, & que c'est le jugement que toutes les personnes sensées en ont porté.*

Ne cherchons point à développer le sens énigmatique de ces expressions; celles dont se sert la Dame de Boudeville dans ses lettres, n'offrent par tout que les mouvemens de la nature, & singulierement avec la superiorité convenable à une mere qui écrit à une fille qu'elle aime.

Qu'on ne nous dise pas qu'on n'a jamais vû une mere les employer auprès de sa fille, comme un gage de l'attention dont la nature seule est un gage fidele.

La nature est-elle un gage fidele de l'affection d'une mere qui promet toujours de reconnoître sa fille, & qui ne la reconnoît point? Il falloit donc la dédommager par des sentimens qui pouvoient faire esperer à cette fille malheureuse, que ce moment n'étoit pas éloigné; c'est une mere qui écrit, puisque toujours dans le stile mysterieux & apologique; *je laisse à votre penetration à deviner plusieurs choses qu'on ne peut confier au papier ; je suis dans des crises perpetuelles d'affaires, je voudrois contribuer au bonheur des personnes que j'aime, dont vous êtes assûrément à la tête.*

Mais la superiorité d'une mere sur sa fille éclate-t-elle moins dans les lettres?

Vous me trouverez ＊ *toujours remplie de bontez & d'amitié pour vous, parce que je vous ai connu des sentimens de verité que j'espere que vous ne démentirez point.*

Je me console ＊ *toujours de toutes les ingratitudes que j'ai éprouvées, en songeant que vous êtes digne de mon amitié ; plus vous me témoignez ne desirer que cela, & plus je souhaite vous en donner des preuves effectives . . . votre vivacité me faisoit craindre quelque chose ; mais je vois avec bien de la joye, que vous pensez aussi sensément que spirituellement, & vous pouvez être persuadée qu'avec de semblables sentimens, vous me trouverez toujours telle que vous le pourrez esperer.*

Je fais ＊ *bien plus de cas des qualitez de l'ame, que des agrémens personnels ; ainsi, tant que vous aurez une aussi bonne conduite que celle que vous avez eue jusqu'à présent, vous pouvez être sûre de me trouver telle que vous le pourrez desirer.*

Je ne ＊ *fais cas que de l'amitié désinteressée, c'est par-là que l'on peut meriter la mienne.*

N'oublions pas les sermons ＊ qu'elle fait à sa fille. Les meres qui ont passé leur vie dans le plus grand monde, prêchent la dévotion à leurs filles.

QUATRIE'ME REFLEXION. Dans la Lettre du 18 Juillet 1729. la Dame de Boudeville appelle Tonton, *la tante ;* elle étoit toujours persuadée que la Dame de Bruix & Virgine étoient nieces de Tonton.

Voici un étrange misere. La Dame de Boudeville a pû supposer, avec ceux qui n'étoient pas ses confidens, que la Dame de Bruix étoit niece de sa Femme de Chambre ; elle a continué de tenir le même lan-

＊ Lettre du 6 Juin.

＊ Lettre du 11 Août 1721.

＊ Lettre du 22 Novembre 1728.

＊ Lettre du 8 Avril 1729.

＊ Lettres du 25 Janvier, 5 Juin & 18 Juillet 1729. & Avril.

gage dans fes Défenfes & dans fon Interrogatoire en 1736. quoiqu'en 1723. elle eût contracté avec la Dame de Bruix fous le nom de Marie de la Salle ; nom auffi peu vrai que la qualité de niece de Tonton. Il n'eft donc pas extraordinaire que dans la Lettre du 8 Avril 1729. elle ait appellé Tonton *fa tante*.

Mais dans cette Lettre, la Dame de Boudeville feint de parler d'après autrui : *Je ne croi pas vous laiffer ignorer qus l'on a propofé à Virgine de l'envoyer auprès de vous, ou bien de venir avec la tante aux Andelys.*

Actuellement encore elle tâche fur ce fait de fe faire illufion ; on voit l'affectation marquée de la Dame de Boudeville, de ne point perdre de vûe cette fable impertinente, dont toutes les traces font effacées par le Procès verbal du 5 May 1723. dans lequel elle foutient que fi Brunier a affecté de ne point paroître inftruit de l'état de la Dame de Bruix, fon filence ne détruira pas la déclaration de fa fœur. Où eft cette déclaration ? Il n'en a jamais paru aucune jufqu'à préfent.

Nous fouhaiterions n'être pas fi fouvent obligés de revenir à cette chimere ; il ne faut pourtant pas la perdre de vûe entierement, puifque dans cet article, comme dans un grand nombre d'autres, il eft prouvé que la Dame de Boudeville n'a point dit la verité, & c'eft effentiellement le caractere des mauvaifes caufes ; fur ce point on n'a pas même tenté dans fon Memoire de la juftifier. Eft-il donc indifferent dans une affaire où il s'agit de trouver la verité, de convaincre celle, qui ne plaide que pour empêcher qu'elle ne foit éclaircie, de la convaincre qu'elle a violé la religion du ferment ? Elle commence par dire : Je n'ai *jamais* connu la Dame de Bruix que comme niece de Tonton ; ce qu'elle a dit par fes Défenfes, elle le repete dans fon interrogatoire après ferment de dire verité. Elle rapporte enfuite le Procès verbal du 5 May 1723. qu'elle avoit en fa poffeffion, & qui dit le contraire de ce qu'elle a affirmé en Juftice ; & pour fauver l'inconvenient de la contradiction, elle nous dit qu'elle eft une femme de qualité, qui pendant trente ans n'a jamais connu la Dame de Bruix, qui eft fa fille, que comme la niece de fa Femme de Chambre.

L'art a fait un dernier effort pour répondre aux inductions des autres faits qui font dans des Lettres, & qui font autant de commencemens de preuves par écrit de la maternité de la Dame de Boudeville.

Les faits font les contradictions entre le Marquis de Boudeville & la Dame fa femme ; la penfion viagere de 1000 liv. créée par Contrat du 29 Juin 1723. le Billet de 10000 liv. le Contrat de 1300 liv. de rente viagere du premier Avril 1732. au profit de Virgine.

Il ne faut pas croire que la Dame de Boudeville ait ici raffemblé tous les commencemens de preuves par écrit ; ce n'eft pourtant pas qu'on ait eu intention de ne la défendre qu'imparfaitement ; on fe flatte que par un Memoire, dont la lecture eft féduifante, où on ne rappelle qu'une partie des faits, on perdra de vûe tous les autres. Quiconque cherche la verité, ne donnera pas dans le piege.

La réponfe aux faits qu'on a bien voulu reprendre, eft précédée par une de ces figures hardies qui ne font jamais le langage de l'innocence & de la verité.

Quand

Quand une fois, s'écrie-t'on, on a perdu de vûe les principes, on s'égare dans mille routes differentes, on adopte toutes les fausses lueurs qui nous flattent...

La Dame de Boudeville auroit voulu, dit-on, (ce sont ses termes pour changer l'objection) *recevoir chez elle la Dame de Bruix qui venoit faire un voyage à Paris, le Sieur de Boudeville s'y opposoit ; c'est une présomption que la Dame de Boudeville est mere de la Dame de Bruix. A qui peut-on proposer sérieusement une pareille consequence ? Ne peut-on donner un azile chez soi qu'à ses enfans ? N'offre-t'on pas tous les jours sa maison à une personne qui vient de Province passer quelque temps à Paris ?*

Il ne faut point le dissimuler, il y a ici plus que de l'art. On défigure l'objection au point qu'elle n'est plus reconnoissable ; par cet expedient, on est à l'aise pour y répondre. S'agit-il d'une offre faite par la Dame de Boudeville à une Dame de Province, qui veut passer quelque temps à Paris, qu'un mari fâcheux ne veut pas recevoir ? C'est une convention entre le mari & la femme. Le mari sçait que sa femme a une fille du premier lit, à laquelle elle est uniquement attachée : si la fille est reçûe, il craint qu'elle ne soit publiquement reconnuë, il court risque de perdre une partie des avantages qui lui ont été faits; il ne veut pas que la fille, le gendre, les enfans, ayent entrée chez sa femme, quand il y est ; il ne peut pas s'y opposer quand il n'y est pas, il ne peut pas même lui défendre d'aller chez sa fille, il est obligé de souffrir ce qu'il ne peut pas empêcher. La femme, qui n'a d'autre objet que de voir sa fille, de la reconnoître, de la recevoir chez elle, soit à Paris, soit dans ses Terres, ne perd pas esperance, elle dit en parlant de son mari : *Au fond, son caractere est bon, il respecte la vertu ; & si une fois la vôtre pouvoit lui être connuë, il vous adoreroit autant que moi.* Elle imagine un expedient.

Elle ne veut pas recevoir chez elle le frere de son mari ; elle lui dit, je recevrai votre frere, recevez ma fille. Le mari inflexible, impitoyable, plus dur que le roc, ne prend point le change; il devient l'objet de la haine de sa femme, elle ne peut plus le souffrir ; elle éclate, elle a tout fait pour lui, elle s'en détache; elle s'en prend au genre humain; elle ne trouve que mauvais procedez, qu'incertitudes. Tous ces faits sont plus au long dans les Memoires de la Dame de Bruix, ils sont prouvez par les Lettres. Y répond-on ? Pas un mot. On substitue un fait qui paroît indifferent à un assemblage de faits essentiels. La Dame de Boudeville a offert un logement chez elle à une Dame de Province, le mari s'y est opposé, *parce qu'un homme de condition, comme le Marquis de Boudeville, trouve indécent que sa femme reçoive avec tant d'affection la niece d'une Femme de Chambre.*

Comment s'explique-t'elle sur le fait des liberalitez? *J'ai aimé quelqu'un, je lui ai fait du bien, donc je suis la mere.* VOILA LE PARADOXE LE PLUS E'TRANGE ET LE PLUS BIZARRE QU'ON PUISSE PROPOSER. Nulle liberalité, continuë-t'on, à la Dame de Bruix tant qu'elle a été fille ; ce n'est point la Dame de Boudeville qui a payé les Maîtres, elle l'a déclaré dans son Interrogatoire ; il n'y a aucune preuve contraire ; nulle part au mariage, directement ou indirectement. Depuis le mariage, une pension viagere de 1000 liv. récompense ordinaire pour les services d'une ancienne

Femme de Chambre, ou de fa niece. En 1730. un Billet de 100000 liv. liberalité excitée par les befoins d'une nombreufe famille, qui n'eft exigible qu'après fa mort, parce que la Dame de Boudeville, qui jouit de grands biens, qui n'a qu'un fils, obligé de fe vouer à la retraite, a fait un préfent digne de fa grandeur, de la nobleffe de fes fentimens; la Dame de Bruix fe croit être en droit de lui faire la plus fanglante injuftice.... *La generofité ne fera plus une vertu digne de nos éloges, c'eft un titre pour nous couvrir d'opprobre; on rougit de combattre un fyftême fi odieux & fi funefte.*

Voilà de grands traits d'éloquence, dépouillons-les de leurs ornemens; rétabliffons les faits dans la fimplicité, amie de la verité.

Prenons même la liberté d'interroger la Dame de Boudeville; comme elle ne répondra que par la bouche de fes Défenfeurs, nous ne tomberons point dans l'inconvenient des affreux déguifemens qui ont infecté fon Interrogatoire.

La Dame de Bruix eft née en 1705. Où a-t'elle été mife en nourrice? Qui a payé les mois? Vous nous répondez: *Moi! je n'en fçai rien.* Elle tombe en 1707. à l'âge de deux ans, entre les mains des fœurs de votre Femme de Chambre, de Tonton, devenue votre amie & votre confidente. Le fait eft prouvé par la dépofition de Brunier dans le Procès verbal du 5 Mars. Vous répondez, *elle étoit fa niece.* Le fait n'eft pas vrai. C'eft donc quelqu'autre que Tonton qui a payé fa penfion; ni Tonton, ni fes fœurs ne fe font point chargées gratuitement de cette dépenfe, d'autant plus que la Dame de Bruix n'étoit pas feule; fa fœur, à qui on a fait prendre le nom de Virgine, étoit avec elle. Vous répondez, *ces premiers faits ne me regardent point.* A l'âge de fix ou fept ans, ces deux filles entrent chez vous. Vous répondez, *c'eft Tonton qui me les a préfentées;* car fi Tonton vous a préfenté l'aînée, il faut qu'elle vous ait auffi préfenté la cadette. Cela n'eft pas vrai, car ces deux fœurs ne tiennent en rien à Tonton, ni à fa famille. Elles ont été nourries chez vous, ces deux fœurs, vous en convenez, quoique Brunier & les Témoins entendus en 1723. ayent dit le contraire. Qui les a entretenues? Vous répondez, *c'eft Tonton;* car il ne faut jamais oublier qu'il y en a deux. Quoi! Tonton a pris fur fon compte les frais de l'éducation des deux fœurs, Tonton, à qui elles étoient indifferentes; Tonton, dont les gages n'auroient pas fuffi pour payer les Maîtres, & les plus fameux, qu'on a donnez à la Dame de Bruix! Vous l'avez dit dans votre Interrogatoire, mais le fait n'eft pas vrai. Nous voici au mariage. Vous dites que vous n'y avez eu aucune part, & vous nous renvoyez au Contrat de mariage, & à l'Acte de celebration, deux Actes qui ne font point honorez de votre préfence; nous voyons bien que vous ne vouliez point paroître, vous vous cachiez, en voici la preuve. Avant le mariage, la Dame de Bruix, à qui on donne le nom de la Lande, eft conduite au Couvent de Belle-Chaffe. Ce n'eft pas Tonton, elle n'étoit plus chez vous, elle avoit encouru votre difgrace. Qui a préfenté la Dame de Bruix à Belle-Chaffe? qui a payé fa penfion à raifon de 800 liv. par an? On ne demande plus à la Dame de Boudeville de répondre, il eft prouvé par écrit que c'eft la Demoifelle de Saint-Martin amie de la Dame de Boudeville. La Demoiselle de Saint-Martin a-t'elle pris la place de Tonton? On a levé l'Extrait Baptiftaire, il a fallu le falfifier. On a convoqué des amis pour nommer un Tuteur à la Dame de Bruix. La Dame de Boudeville déclare qu'elle n'y a eu aucune part; mais ces prétendus amis font ceux de la Dame de Boudeville, Brunier, Belleconche fon Intendant, Benoift fon Chirurgien, & fon Commenfal, & ces bons amis vont mentir impudemment pour furprendre la religion du Magiftrat, dans une affaire qui ne les touche en aucune maniere.

Il n'eft pas inutile de remarquer que prefque tous ces faits font habilement retranchez dans le Memoire.

On nous dit, j'ai aimé quelqu'un, je lui ai fait du bien, donc je fuis la mere; *voilà un étrange paradoxe*. Mais on paffe l'éponge fur tout le temps qui a précédé le mariage. Il n'y a point de donation en faveur de la Dame de Bruix, tant qu'elle a été fille. Si elle avoit été élevée dans la maifon de la Dame de Boudeville, avec le nom de Mademoifelle de la Ferté, quel autre bien auroit-on pû lui faire, que de lui donner une éducation proportionnée à fa naiffance?

C'eft Tonton qui a payé les Maîtres, c'eft trop long-tems avoir les oreilles rebattuës de Tonton. La verité fi groffierement déguifée, ne doit fervir qu'à la faire briller avec plus d'évidence.

Depuis le mariage, auquel la Dame de Boudeville n'a point voulu paroître prendre part, elle fait une donation viagere de 1000 liv. voilà encore Tonton qui reparoît; Tonton chaffée, Tonton en difgrace : la Dame de Boudeville fait du bien à la niece pour récompenfe des fervices d'une ancienne Femme de Chambre; mas ce n'eft point à la niece de Tonton, c'eft à Marie de la Salle, c'eft un préfent qu'elle fait à fa fille peu de jours après fon mariage, mais à une fille qu'elle ne veut point reconnoître.

Le Billet de 100000 liv. eft un autre myftere. Il eft daté du 7 Septembre 1720. La Dame de Boudeville veut qu'il foit de 1730. & s'accufe d'y avoir mis une fauffe date pour tromper fon mari. Si elle parveroit à prouver le fait, les inductions n'en feroient pas moins fortes.

Mais je jouis d'un grand bien; je n'ai qu'un fils voué à la retraite; je ne payerai qu'après ma mort, & mes collateraux en auront affez.

La Dame de Boudeville, dont la fortune n'eft que depuis peu d'années proportionnée à fa naiffance, par les fucceffions qui lui font échues, n'en eft pas plus aifée dans fon état ; fon opulence n'eft point le motif de fes liberalitez, qu'on life les Lettres.

*Je fuis * dans des crifes d'affaires, qui ne me mettent pas encore à portée de vous donner des preuves telles que je le voudrois....* * Lettre du 25 Avr.

*Je fuis * embarraffée de tant de façons préfentement, que je ne peux faire ce que je fouhaite le plus....* * Lettre du 20 Janvier.

Elle rend * compte de tous fes embarras ; elle ne fçait comment y remedier, à moins qu'elle ne vende quelques effets pour fe liberer des créanciers de la fucceffion qu'elle a eu. * Lettre du 6 Juin.

*Je vous * affure que je fouhaite ardemment de me trouver dans la fituation de vous donner les fecours que mon amitié m'infpirera , fi-tôt que je le pourrai.* * Lettre du 21 Juin.

* Lettres des 25 Janvier , 18 Juillet 1729. 7 Août 1730.

Il feroit trop long de rapporter le texte des Lettres , * où la Dame de Boudeville rend compte de fa fituation ; de-là fes promeffes réiterées, fes fecours trop modiques , felon elle, qui ne méritent point de remerciemens, parce que c'eft une dette qu'elle acquitte, en attendant des biens plus folides , quand elle fera à portée de faire ce qu'elle fouhaite.

Les motifs imaginez pour fonder des liberalitez de la Dame de Boudeville ne font donc pas vrais ; on ne peut les trouver que dans la nature.

L'article qui concerne la fœur cadette de la Dame de Bruix, connue fous le nom de Virgine, eft un des plus importans & des plus intereffans, un des plus capables de répandre la lumiere & d'éclaircir tous les doutes.

La Dame de Boudeville s'eft efforcée de cotoyer les autres faits , elle n'ofe même envifager celui-ci, elle en eft effrayée, elle s'en éloigne : femblable aux enfans qui, pour fe fouftraire à la correction, cherchent à l'éviter par la fuite, accompagnée de cris & de lamentations. Dans l'Interrogatoire de la Dame de Boudeville, on a eu beau la preffer fur les liberalitez faites à Virgine; elle a refufé avec opiniâtreté de répondre. *Ce font des faits étrangers, elle les a oubliez.* Elle ne peut imaginer dans fon interrogatoire le plus leger prétexte , elle en fent les confequences; il y a dans fon Memoire beaucoup plus d'art , mais encore moins de verité.

Si la Dame de Boudeville parle des faits de l'enfance de Virgine, ce n'eft que pour fuppofer groffierement qu'elle a été élevée auprès de *Tonton qu'elle dit être fa tante.*

Tous les autres faits font retranchez; elle s'égare dans des moralitez déplacées. Ce ne font point, dit-elle, les faits qui fourniffent des preuves, ce font *de faux raifonnemens qu'on hazarde. Sonder le cœur de l'homme pour penetrer dans les motifs qui le font agir, c'eft toujours une entreprife temeraire ; les Oracles de la Juftice font bien éloignez d'adopter de pareilles idées, principalement quand il s'agit de convaincre quelqu'un de crime & de le diffamer.*

On ne fera point perdre de vûe le point de la Caufe par un trait d'éloquence, il produit un effet contraire, il nous y ramene. Il s'agit de découvrir les preuves du crime, & d'en convaincre le coupable. C'eft dans cette occafion qu'il faut *fonder le cœur de l'homme.* Quand on commet un crime, on ne s'avife point de paffer un Acte devant Notaires. La fuppreffion d'état eft un crime que l'enfant defavoué ne peut pourfuivre que par la voye civile, mais dont les peres & meres, s'ils font innocens, peuvent demander la réparation par la voye extraordinaire.

N'oublions pas que la Sentence , dont la Dame de Boudeville fe plaint, a permis la preuve, & que dans un fait de la qualité de celui dont il s'agit, ce font les circonftances qui conduifent à l'éclairciffement, que par confequent il y a néceffité d'admettre tous les genres de preuves.

La Dame de Boudeville n'a-t-elle pû faire à Virgine *quelqu'avantage modique fans fe couvrir d'opprobres? Virgine lui avoit fervi d'amufement , elle l'avoit promis à Tonton fa tante , Virgine eft fœur de la Dame de Bruix.*

Voilà

Voilà les liens qui l'ont attachée à Virgine, quoique quelquefois elle se soit oubliée.

Une donation & une affurance de 1800 liv. de rente, ne font point un avantage modique à la niece d'une femme de chambre, réduite à paffer fa vie en Couvent dans le fond d'une Province.

Ce n'eft point à Virgine, niece de Tonton, que la Dame de Boudeville a donné, c'eft à la Demoifelle de la Ferté, fous le nom de Charlotte de Sainte-Maixance; pour faire la donation & la procuration qui l'a precedé, il a fallu lever l'Extrait baptiftaire dont la Dame de Boudeville feule avoit connoiffance. Au nom de Charlotte de Sainte-Maixance on ne reconnoît ni la niece de Tonton, ni la fœur de Marie de la Salle.

Tout ceci eft myftere; il faut *fonder le cœur de l'homme*, quand il n'a pas dit vrai, & que ce qu'il dit eft contraire aux Actes.

La Dame de Boudeville convient que l'Acte qu'elle a paffé avec Virgine eft une liberalité, c'eft *du pain* qu'elle lui a affuré : elle n'a pas voulu la *laiffer dans la mifere*, parce qu'elle lui avoit *fervi d'amufement*, parce qu'elle étoit niece de Tonton & fœur de la Dame de Bruix, & que ni l'une ni l'autre n'étoient en état de la fecourir.

La preuve des faits contraires (nous ménageons la Dame de Boudeville) eft dans l'Acte. La Dame de Boudeville reconnoît avoir reçû la fomme de 13000 liv. pour laquelle elle conftitue 1300 liv. de rente, & enfuite elle lui fait par affection donation de 500 liv. de penfion viagere. Voilà ce qu'on a grande attention de ne pas dire; Virgine qui eft dans la mifere, qui n'a nulle reffource d'aucun côté, achete la penfion de 1300 liv. moyennant la fomme de 13000 liv.

Autre myftere développé dans la Lettre du 18 Mars 1732. c'eft le tour imaginé *par la parfaite amitié, par le bon efprit, par la probité ordinaire du fieur de la Broffe*.

Virgine s'étoit oubliée, ce n'étoit pas une raifon pour *l'abandonner, pour la laiffer dans la mifere*. Quelle generofité! Quel fond de Chriftianifme! Virgine ne s'étoit point oubliée, c'eft la Dame de Boudeville qui s'oublioit; Virgine lui difoit, je fuis votre fille : *ne parlez pas fi haut*, lui répondit-on, *que voulez-vous? il faut vous affurer une fubfiftance honnête, vous contenterez-vous de* 1300 *liv?* mais il faut faire attention que l'Acte foit redigé de maniere qu'il ne dévoile pas la maternité cachée; & voilà le tour imaginé par le bon efprit du fieur de la Broffe, & voilà ce qui excite les tendres remercimens de la Dame de Boudeville qui n'aura plus d'allarmes, dont les jours vont couler en paix & tranquillité, & voilà le fujet de fon triomphe, parce qu'elle croit avoir defarmé fa fille & étouffé fes plaintes à l'avenir. Quel nom peut-on donner à l'Acte ? n'eft-il pas évidemment une Tranfaction fur l'état? Sont-ce là *des circonftances frivoles, des chimeres, des illufions, des ombres vaines* qu'on veut fubftituer à la réalité?

La Dame de Boudeville eft mere de Virgine, il eft impoffible de fe refufer à cette verité; elle fort de l'Acte & de la Lettre du 18 Mars, elle éclaire l'efprit avec démonftration, avec conviction; & fi la Dame de Bruix & Virgine font deux fœurs, comme on n'en peut douter,

F

peut-on imaginer un commencement de preuve par écrit plus puissant de la maternité de la Dame de Boudeville?

Réfutation de la seconde Proposition.

Elle consiste à dire que la Dame de Bruix n'ayant ni titre ni possession de l'état qu'elle reclame, elle a titre & possession d'un état contraire qui ne peut être ébranlé par aucun genre de preuves.

La proposition est également fausse, & dans le fait, & dans le droit.

La Dame de Bruix n'a ni titre ni possession d'un état contraire à celui qu'elle reclame.

Les titres qu'on lui oppose sont son Extrait baptistaire; la Sentence du 28 May 1723. qui lui a nommé Brunier pour Tuteur, Sentence precedée par une Requête par elle presentée au Lieutenant Civil; on peut y ajouter l'avis d'amis du 5 May 1723. son Contrat de mariage du 2 Juin & la donation qui lui a été faite le 29 Juin de la même année par la Dame de Boudeville; enfin les Extraits baptistaires de quatre enfans nez pendant la minorité de la mere, & un cinquiéme né depuis sa majorité.

Si nous commençons par abattre l'Extrait baptistaire comme un Acte faux dans tout ce qu'il contient, ouvrage de la Dame de Boudeville, que deviendront les Actes qui ont suivi, qui sont pareillement son ouvrage, qu'elle annonce à sa fille comme autant d'obstacles à la reclamation de son état?

1°. J'interrogerai l'Extrait baptistaire, qui dit à la Dame de Bruix : Vous êtes fille de Guillaume de la Salle & d'Antoinette Barriere. Y a-t-il eu dans le monde un Guillaume de la Salle, & une Antoinette Barriere? Depuis 30 ans ils n'ont point paru, qui que ce soit ne les a ni vûs ni connus. Quoique ce fait soit une negative, elle est néanmoins prouvée par écrit dans la déposition des témoins entendus le 5 May 1723.

Le premier Acte que la Dame de Boudeville oppose, est donc un Acte faux; indépendamment de la fausseté commise après coup pour donner à la Dame de Bruix une mere qui lui a manqué, jusqu'à ce qu'en 1723. on ait pensé à lever son Extrait baptistaire.

2°. Je suppose que la Dame de Boudeville trouve dans le monde un Guillaume de la Salle & une Antoinette Barriere, & que la Dame de Bruix armée de cet Extrait baptistaire, ce monument autentique, qui doit décider souverainement de l'état des hommes, qui ne peut être ébranlé par aucun genre de preuves; elle demande contr'eux qu'ils soient tenus de la reconnoître pour leur fille; ils lui répondent par un moyen bien simple : Vous avez un Extrait baptistaire où nos noms sont écrits; Guillaume de la Salle n'a point signé, ni lui, ni Antoinette Barriere ne vous ont reconnuë en aucun tems : ne tient-il qu'à un miserable ou à quelqu'autre que ce soit de faire écrire sur le Registre d'une Paroisse, & d'y donner à ceux, qu'il jugera à propos, la qualité de pere & de mere? Il faudra respecter ce titre, il ne pourra être ébranlé par aucun genre de preuves. La Dame de Bruix, on le dit avec confiance, n'aura pas un mot à répondre.

Il n'eſt donc pas vrai qu'on puiſſe trouver dans cet Extrait baptiſtaire la preuve d'un état contraire à l'état qu'elle reclame ; car pour que ce titre lui puiſſe donner un état contraire, il faut ſuppoſer qu'il lui aſſure ſon état contre les pere & mere qu'il leur indique.

3°. La Dame de Boudeville croit avoir acquis le droit de changer les faits, de ſupprimer ce qui eſt vrai, d'y ſubſtituer le faux ; peut-être n'a-t-il jamais paru cauſe où la verité ait été attaquée avec ſi peu de ménagement.

Dans la page 2 du Memoire, l'Extrait baptiſtaire eſt rapporté avec la précaution de tranſcrire ces mots en lettres italiques, *Marie fille de Guillaume de la Salle & d'Antoinette Barriere ſa femme.* Dans la page 28. on raiſonne en conſequence ; on ſuppoſe l'état de legitimité de la Dame de Bruix, affermi par des titres inébranlables, dans lequel elle a un grand interêt d'être conſervée, & pour prouver cet interêt on feint que quelqu'un fait un legs univerſel à Marie de la Salle, que l'heritier du ſang conteſte, *en ſoutenant qu'elle eſt la bâtarde du Teſtateur ; on la verroit auſſi-tôt repouſſer avec une juſte indignation une injure ſi atroce, rapporter ſon Extrait baptiſtaire, les Actes dont on a rendu compte, invoquer la force de ſa poſſeſſion, & s'écrier contre la temerité d'une Partie qui oſeroit ſe refuſer à l'évidence de ſon droit. En vain l'heritier offriroit-il de prouver par témoins la naiſſance illegitime de la Dame de Bruix, cette preuve impuiſſante contre des titres ſolemnels ſeroit traitée par elle comme une choſe odieuſe & proſcrite par toutes les Loix ; elle ſçauroit bien alors faire valoir tous les principes qui la condamnent, & on ne peut pas douter qu'elle ne le fît avec ſuccès .... Y a-t-il donc deux poids & deux meſures ?*

Malgré ces grands moyens, que la Dame de Boudeville a la bonté d'adminiſtrer à la Dame de Bruix pour faire valoir ce legs, elle ne court aucun riſque d'en faire preſent à la Dame de Boudeville ; une cauſe qui dépendra du point de ſçavoir ſi la Dame de Bruix eſt fille legitime, même illegitime de Guillaume de la Salle & d'Antoinette Barriere, ne pourra jamais ſoutenir les regards de la Juſtice.

Mais ceci n'eſt qu'un écart adroitement imaginé pour ſubſtituer une queſtion étrangere à celle dont il s'agit. Ne la perdons pas de vûe, le piége eſt groſſier. Fixons-nous à un principe. Un Extrait baptiſtaire écrit dans les Regiſtres publics n'eſt un Acte autentique que quand il eſt ſigné par le pere ou ſuivi d'une poſſeſſion non contredite par ceux dont les noms ſont dans les Regiſtres ; & comme la Dame de Bruix ne trouve point dans le Regiſtre qui lui eſt oppoſé, un titre dont elle puiſſe faire uſage contre Guillaume de la Salle & Antoinette Barriere, ſi leur exiſtence étoit prouvée, & qu'elle n'a jamais été par eux reconnue, il en faut conclure qu'elle ſeroit hors d'état de prétendre qu'elle eſt leur fille.

4°. Les Actes qui ont ſuivi, ſi l'authenticité de l'Extrait baptiſtaire eſt détruite, s'il eſt certain que ce qui y eſt énoncé eſt faux, tombent avec cet Extrait qui en a été l'unique principe ; ajoutons que le Procès verbal du 5 May 1723. dont les principaux témoins, gens dévouez à la Dame de Boudeville, Brunier, Belleconche, Benoiſt ſont des impoſteurs, qui ont menti avec audace, & qui meritent qu'on leur faſſe leur Procès.

Mais la Dame de Bruix a ſigné la Requête pour faire aſſembler ſes amis : la Requête eſt de ſon fait.

La Dame de Bruix, mineure, alors dans un Couvent, met au-bas de la Requête le nom de Marie de la Salle, qui juſqu'à ce moment lui avoit été inconnu; elle obéit à une mere imperieuſe, dans un tems où elle n'avoit aucunes armes pour la forcer de lui rendre juſtice.

Quelle induction peut-on tirer du nom qui lui eſt donné dans la Requête, dans l'Avis d'amis & dans la Sentence de Tutelle, dans ſon Contrat de mariage ? Sont-ce là des moyens contre une mineure qu'on tenoit enchaînée, pieds & mains liez, & maintenant on veut étouffer la voix pour conſommer le ſacrifice, en lui interdiſant les conſequences naturelles qui ſe tirent des Actes & des preuves qui démaſquent la maternité, & qui conduiſent les Juges à chercher dans la preuve par témoins, l'éclairciſſement de leurs doutes, s'il eſt poſſible encore d'en imaginer.

On a conſeillé à la Dame de Bruix de prendre ſurabondamment des Lettres de Reſciſion contre le nom de Marie de la Salle que la Dame de Boudeville a fait prendre à la Dame de Bruix dans ces Actes; c'eſt une voye de droit dont on ſent toute l'inutilité dans une queſtion d'état qui eſt de droit public; mais enfin on a crû devoir écarter juſqu'au moindre obſtacle.

5°. La poſſeſſion oppoſée à la Dame de Boudeville, fondée ſur de pareils Actes, merite-t-elle la plus legere conſideration? Le ſerieux avec lequel on parle de cette poſſeſſion eſt admirable : *Vous êtes Marie de la Salle, c'eſt le rang que vous avez occupé pendant plus de 30 années, que vous avez précieuſement conſervé par les titres les plus ſolemnels; vos enfans ont été baptiſez comme enfans de Marie de la Salle.*

Il eſt rare & inoui qu'on ait oppoſé à une mere l'Extrait baptiſtaire de ſes enfans nez, ſoit en minorité, ſoit même en majorité, qu'elle n'a certainement pas ſigné; comme ſi, quand même elle auroit ſigné, elle auroit pû préjudicier, & à ſon état, & à celui de ſes enfans, & leur ôter l'honneur d'avoir pour ayeule la Dame de Boudeville.

Mais la poſſeſſion même du nom de Marie de la Salle qu'on oppoſe à la Dame de Bruix, & dont on compoſe la durée de 30 années, car on la commence au jour de ſon baptême, n'eſt pas vraye.

La Dame de Bruix eſt baptiſée ſous le nom de Marie de la Salle, par la ſeule raiſon que telle a été la volonté de la Dame ſa mere; c'eſt la premiere époque du vol de ſon état. Mais il a été tenu ſecret juſqu'au mois d'Octobre 1722. pendant que la Dame de Bruix étoit en nourrice, dans le temps qu'elle étoit en penſion chez les ſœurs de Tonton, c'eſt-à-dire, depuis deux ans juſqu'à ſix ou ſept ans. Quand enſuite elle a pris poſſeſſion de la maiſon maternelle depuis ſix ou ſept ans juſqu'à dix-huit ans, a-t-elle été appellée Marie de la Salle ? L'Enquête du 5 May 1723. les Défenſes & l'Interrogatoire de la Dame de Boudeville diſent le contraire. On lui a donné le nom de Mimi. Des trente années en voilà donc dix-huit qu'il faut retrancher.

Au

Au mois d'Octobre 1722. la Demoiselle de Saint-Martin a la bonté de la conduire dans le Couvent de Belle-Chasse, où elle est entrée, d'où elle est sortie le 5 May 1723. sous le nom de la Demoiselle de la Lande.

On lui fait prendre le nom de la Salle, quand il s'agit de disposer les choses pour son mariage, & c'est alors qu'on s'apperçoit que le nom de la Salle lui a été donné par son Extrait Baptistaire. Elle acquiert le faux nom de Marie de la Salle, pour le perdre en se mariant. Le dernier Acte où ce nom lui a été donné, est la donation du 29 Juin 1723. Elle étoit mineure, depuis ce temps elle n'a pas même occasion de signer un seul Contrat.

Mais pendant qu'elle étoit appellée Mimi par sa mere, elle étoit élevée dans sa maison avec tous les soins, toutes les attentions, & même tout l'exterieur convenable à la Demoiselle de la Ferté ; ce nom lui manquoit, parce que sa mere ne vouloit pas qu'elle le portât, elle n'étoit pas moins traitée comme sa fille.

Ceux qui venoient familierement chez la Dame de Boudeville n'y étoient pas trompez, & le bruit general à la Cour & à la Ville étoit que Mimi étoit la Demoiselle de la Ferté.

La filiation se prouve *per denominationem, tractatum & famam.*

Si le nom a manqué à la Dame de Bruix, elle a eu *tractatum* au plus souverain degré, elle a eu *famam* ; la renommée publioit à haute voix qu'elle étoit la fille de la Dame de Boudeville.

Il ne reste qu'un mot à dire sur le droit.

On objecte que la preuve par Témoins, même aucune espece de preuve, ne peut être admise contre la foi dûe aux Registres publics & à la possession. Voilà les preuves de l'état des hommes, qu'aucune autre, de quelque genre que ce soit, ne peut subjuguer, c'est toujours le même sophisme.

Après ce qui a été dit, on en sent toute l'iniquité, les peres & les meres seroient les souverains arbitres de l'état de leurs enfans, & cette consequence est si certaine, qu'on n'a pas osé la nier directement dans le Memoire.

Et en effet, elle ne peut être refutée que par deux argumens ; il faut dire, ou que la suppression d'état, qui est un crime atroce, est une action licite, ou qu'elle est impossible.

La Dame de Boudeville n'a pas osé proposer le premier argument, les peres & meres, qui, suivant l'ancien Droit Romain, avoient droit de vie & de mort sur leurs enfans, n'avoient pas le droit de supprimer leur état, parce que l'état, qui est plus précieux que la vie, est de droit public.

On est réduit, pour la Dame de Boudeville, à supposer que la suppression d'état est un crime impossible ; des peres & meres en sont incapables : *En a-t'on jamais vû qui se soient portez à étouffer le fruit légitime de leur mariage ? Par quel crime un enfant qui ne fait que de naître, auroit-il pû s'attirer une pareille disgrace ? Il n'a que ses larmes ; mais ses larmes seules sont capables d'interesser en sa faveur le cœur le plus barbare, son innocence fait sa sureté, la nature a pourvû à ses besoins ; si elle le fait naître sans défenses, elle le fait naître aussi sans ennemis.*

G

Arrêtons ce torrent d'éloquence, on ne détruit pas des réalitez par des figures. L'homme est capable de se livrer à tant d'excès, il est en proye à tant de passions, que tout crime est possible. Celui-cy n'est pas d'une espece nouvelle. N'y a-t'il point d'exemples que des meres ayent étouffé des enfans dans leur sein, que d'autres, après leur avoir donné la naissance, les ayent abandonnez, les ayent exposez à une mort, ou certaine, ou dont ils n'ont pû être garantis que par des secours étrangers? N'y a-t'il point d'exemples que des meres ayent désavoué leurs enfans? Faut-il en rappeller le trop prochain & si triste souvenir? Renfermons-nous dans la Cause. N'en avons-nous pas un exemple dans la Dame de Boudeville? Qu'on ne nous dise pas que c'est ce qui fait le Procès. Il ne s'agit que de joindre à la foule des preuves, un dernier genre de preuves que les Loix exigent, & rendent indispensable. La suppression d'état est un crime, qui n'est que trop possible, & le moyen qu'on propose pour en empêcher l'éclaircissement, est la premiere défense que présentent à la Justice ceux qui l'ont commis. Elle est aussi ancienne que le crime même, c'est le langage de tous les coupables, dans tous les temps, il n'a jamais été hazardé sans exciter l'indignation, il est souverainement déraisonnable & indigne ; l'énormité des crimes n'est point une défense aux criminels : *Indignum* * *est crimina ipsâ atrocitate defendi.*

* Quintilien.

Mais quel a été le motif de la Dame de Boudeville? elle reproche que celui qui est allegué contr'elle est absurde : le mari & la femme qui ont vêcu en intelligence, ont-ils pû de concert former le complot odieux de supprimer l'état des filles, pour ne reconnoître que les mâles? en cachant la grossesse, la naissance des mâles devenoit problematique, ils n'auroient pas raisonné ni agi consequemment.

S'ils n'ont agi ni raisonné consequemment, c'est que le crime aveugle : il est rare de s'engager dans le crime, sans s'égarer ; ce qui est certain, est que voilà deux filles désavouées, & un fils seul reconnu, le motif est donc vrai ; s'il est faux, qu'on en explique un autre : & qu'importe le motif certain, si le fait est? ne voyons nous pas que l'accident du fils auroit été l'époque de la reconnoissance, si le second mari ne l'eût traversée? enfin la conduite de la Dame de Boudeville n'est-elle pas un assemblage de contradictions? elle ne veut pas reconnoître sa fille, elle l'éloigne, elle va voir la nourrice, elle fait venir la nourrice chez elle, elle éleve sa fille dans sa maison, elle la porte dans son sein, elle remplit tous les devoirs de mere, la nature la trahit à tous les instans, elle écrit des lettres que la nature lui dicte, elle passe des actes, elle ne veut pas qu'on la soupçonne, elle se confesse à ses amis, & tous ceux qui la connoissent, deviennent ses confidens.

Si ce qui paroît peut avoir deux faces, si elle a fait tout à la fois les personnages de mere & d'étrangere, s'il est incertain quel est le vrai, c'est la Dame de Bruix qui court seule tous les risques ; quand elle demande la preuve, c'est parce que, quoiqu'elle ait beaucoup, elle craint de n'avoir pas encore assez. La liberté de faire entendre des témoins est réciproque, c'est la seule voye de justifier la Dame de Boudeville, si elle est innocente. Que n'a pas à craindre la Dame de Bruix, si elle est coupable?

Pourquoi tant d'efforts pour empêcher l'éclaircissement de la verité? la Dame de Bruix est-elle Mimi, la Lande, niéce de Tonton? Tonton a été une des plus grandes ressources de la Dame de Boudeville; la Dame de Boudeville permet à la Dame de Bruix de chercher son pere & sa mere, pourvû qu'elle ne veuille pas être sa fille, La Dame de Bruix n'a donc point un état certain, car c'est où il faut revenir; la proposition d'un état certain est détruite? la Dame de Boudeville change de moyen, si la Dame de Bruix n'a point d'état, en conclurez vous que je suis sa mere? un enfant de la lie du peuple n'a qu'à aller attaquer le plus grand Seigneur du Royaume. Nous lui répondrons, quand cet enfant viendra avec des moyens de la qualité de ceux que la Dame de Bruix presente, qui tous lui ont été administez par le cœur maternel, il faudra l'entendre, il faudra approfondir, lui rendre justice, s'il dit vrai; le punir s'il est imposteur, & quand ce grand Seigneur n'aura d'autre défense que l'atrocité de son crime, la justice n'en sera point touchée: plus le crime est atroce, plus la Justice doit se livrer à toutes sortes d'éclaircissemens, *indignum est crimina ipsâ atrocitate deffendi.*

N'avons-nous pas ici des caractéres qui distinguent la bonne & la mauvaise cause? on ne peut s'y tromper, la verité sort de la bouche du mensonge; les actes imaginez, pour détruire l'état, le confirment; le Procès verbal du 5 May 1723. où ont été entendus Brunier, Belleconche, Benoist, qui ont menti avec impudence, ce Procès verbal representé par la Dame de Boudeville pour sa justification, a produit un effet contraire à celui dont elle s'étoit flattée. Quelle impression n'a pas fait son interrogatoire, dont les réponses sont prouvées & reconnuës fausses? quel interêt a pû la déterminer à mettre en pratique la derniere & affreuse ressource des coupables? Qu'on ne dise pas qu'elle a dit vrai *dans les faits essentiels,* * c'est un détour pour éviter d'avouer qu'elle a violé la religion du serment dans les autres faits; elle en a reconnu l'importance, elle a été son premier Juge, elle a craint l'éclaircissement qui n'a jamais fait trembler l'innocence, elle cherche à s'échapper en multipliant les tenebres. Il est tems que la verité se fasse jour: le Public convaincu attend ce triomphe, la Justice le lui doit, la nature le demande; les remords, les regrets, les inquiétudes, dont la Dame de Boudeville est depuis si long-tems agitée, seront calmez; l'union renaîtra entre la mere & la fille, l'ayeule & les petits-enfans; la Nature, conduite par la Religion, rentrera dans ses droits; le second mari n'aura point de reproches à faire, & peut-être que lui-même, fatigué d'une guerre trop longue, dont il est l'auteur, connoîtra qu'il est de son interêt, bien entendu, de donner la paix à la mere & aux enfans, pour se la procurer à soi-même.

*Page 4. au milieu du Memoire de la Dame de Boudeville.

Me GUILLET DE BLARU, Avocat.

MAUPASSANT, Procureur.

De l'Imprimerie de la Veuve d'ANDRE' KNAPEN, au bas du Pont S. Michel, à l'entrée de la rue S. André des Arcs, au Bon Protecteur. 1737.